INHALT

3

Ludwig Maasjost zum 80. Geburtstag

Am 23. Juli 1905 wurde Ludwig Maasjost in der Bauerschaft Oesterwiehe geboren. Dort liegt der Stammhof der Maasjosts, heute noch auf den amtlichen Karten unter diesem Namen zu finden, dort wo die Bäche aus Osning und Egge, nachdem sie in gradlinigem Verlauf die trockene Senne durchquert haben, sich vielfältig verzweigen und ein dichtes Gewässernetz über das weite Land ziehen.

Dort wuchs er auf, in enger Bindung an die ihn umgebende bäuerliche Landschaft des Paderborner Landes mit der alten Stadt an den vielen Quellen. Und so war es nicht verwunderlich, daß der begabte Bauernsohn hier zur Schule ging, auf das traditionsbewußte Theodorianum und anschließend nach dem Abitur auf die Theologische Hochschule. Dort hat er nach vier Semestern sein Philosophicum abgelegt, danach aber den scheinbar vorgezeichneten Weg in die weitere Zukunft verlassen. Er entschloß sich, in Münster, der anderen traditionsreichen westfälischen Hochschulstadt, Geographie, Botanik und Zoologie zu studieren.

Mit Begeisterung und Eifer nahm er sein neues Studium auf. Hier hat er auch seine Frau kennengelernt, natürlich in gemeinsamer geographischer Arbeit im Seminar und auf Exkursionen. Sie hat ihn bis heute in seiner Arbeit durch großes Verständnis, intensive Mitarbeit und wertvolle Hilfe unterstützt.

Im geographischen Oberseminar bei Ludwig Mecking fertigte Maasjost eine landeskundliche Seminararbeit über seine heimatliche Landschaft an. Mecking hatte anfangs gezögert, ihm dieses Thema zu geben, denn die Interessen des Lehrers galten der Polarforschung, den Problemen der Weltmeere und ihrer Anlieger, dem Inselreich Japan. Um so mehr war er von dieser Darstellung einer kleinen westfälischen Landschaft durch seinen Studenten beeindruckt. Er riet ihm, jetzt nicht weiter auf das Staatsexamen zuzugehen, sondern zunächst einmal zu promovieren. So entstand 1933 Maasjosts Dissertation: „Landschaftscharakter und Landschaftsgliederung der Senne." Der Doktorand brachte damit schon damals einen interessanten methodischen Beitrag zur kleinräumigen Gliederung deutscher Landschaften, was dann später nach dem Kriege zu einem großen Forschungsprogramm der deutschen Landeskunde wurde: „Die naturräumliche Gliederung Deutschlands."

Auf die Promotion folgten Staatsexamen und Referendarzeit in Paderborn und Münster und erste Anstellungen im Schuldienst an Gymnasien in Paderborn, Münster, Warburg und Niedermarsberg. Ausbildung und Schuldienst hinderten ihn nicht an weiterer landeskundlicher Forschung und Darstellung. Im Gegenteil: Unterricht und Forschung waren für ihn immer eine selbstverständliche Einheit und Aufgabe.

Schon im Studienseminar in Münster hatte ihn sein Fachleiter Emil Lücke mit dem Westfälischen Heimatbund und seiner Fachstelle „Geographische Landeskunde" in Verbindung gebracht. Einer Anregung Lückes folgend schrieb Ludwig Maasjost das erste Heft der „Landschaftsführer des Westfälischen Heimatbundes": „Die Warburger Börde" (1937). Er hat nach dem Kriege die Fachgruppe jahrelang umsichtig geleitet und weitere Landschaftsführer verfaßt: Eggegebirge,

Brakeler Bergland, Paderborner Hochfläche. Wir sind heute froh über diesen Anfang und bestrebt, diese Arbeit in seinem Sinne weiterzuführen.

Nach dem Kriege wurde Ludwig Maasjost als einer der ersten Dozenten an die neu gegründete Pädagogische Akademie Paderborn berufen. Im Mittelpunkt seiner Lehrtätigkeit stand immer die Landschaft und die originale Begegnung im Gelände, das sein wichtigster Seminarraum war. So wuchs im Laufe der Jahre ein kenntnisreicher Schülerkreis heran, der mit seinem Lehrer auch nach dem Examen eng verbunden blieb. Es war früher viel schwieriger als heute, mit Studenten größere Exkursionen, insbesondere ins Ausland, zu unternehmen; aber von der Notwendigkeit solcher Erweiterungen des geographischen Horizontes überzeugt, führte Ludwig Maasjost Exkursionen mit ehemaligen Schülern und Hörern der Volkshochschule nach Island, Skandinavien, in die Mittelmeerländer, nach Israel und in die Türkei. In den letzten Jahren ist er dann noch zur See gegangen, als geographischer Mentor auf den Schiffen der Hapag Lloyd.

Ludwig Maasjost hat in seiner Tätigkeit als akademischer Lehrer Türen und Fenster seiner Hochschule weit aufgemacht. Er fand auch über seine Studenten hinaus dankbare Zuhörer und Leser in seinen Veranstaltungen und Publikationen für eine größere Öffentlichkeit, so auch schon früh in der heimischen Presse mit Themen wie: „Das Dorf in der Warburger Börde", „Schutthalden am Osthang der Egge", „Trockentäler in der Senne", „Zuckerrübenland rings um den Desenberg". Die enge Verbundenheit zwischen Natur und Architektur wird häufig angesprochen: „Heimische Natursteine in den Bauten unserer Stadt", „Der Baustein der Stadt Driburg", „Findlinge in der Stadt Paderborn".

Seine Geländeerfahrungen aus vielen Jahren fanden ihren Niederschlag in zahlreichen Veröffentlichungen, teils für die geographische Fachwelt geschrieben wie der Band 9 in der „Sammlung geographischer Führer": „Südöstliches Westfalen", aber auch wieder an größere Kreise gerichtet wie in der schönen, leider viel zu schnell vergriffenen Heimatkundlichen Schriftenreihe der Volksbank Paderborn: „Das Paderborner Land und der Fremdenverkehr", „Ausblicke in das Paderborner Land", „Landschaftliche Besonderheiten im Paderborner Land". Man sollte die dort genannten Standorte mit den Heften in der Hand aufsuchen. Dann ist es so, als stünde Ludwig Maasjost neben uns und deutete die Landschaft um uns herum in seiner eindrucksvollen Art.

Eng mit dem Wort verbunden sind in Ludwig Maasjosts Publikationen Karten und vor allem Bilder. Mit Gerhard Müller zusammen verfaßte und gestaltete er den schönen Bildband „Paderborn, das Bild der Stadt und ihrer Umgebung", ein würdiger Beitrag zur 1200-Jahr-Feier dieser traditionsreichen Stadt (1977). Er veranlaßte und kommentierte auch verschiedene Bildreihen des Instituts für Bild und Film und der Landesbildstelle Westfalen.

Wir finden Ludwig Maasjosts Mitarbeit in vielen Zeitschriften und Beiträgen zu Sammelwerken und in Werken, die mehrere Autoren vereinen, so z. B. „Morphologie und Karsterscheinungen in der Paderborner Hochfläche" in „Karst und Höhle in Westfalen" (1961) und „Die Formenwelt" in dem Sauerlandbuch von Luhmann (1960). Für die geographisch-landeskundlichen Kurzbeschreibungen der Städte in Westfalen in den „Berichten zur deutschen Landeskunde" beschrieb er „Beverungen", „Borgentreich", „Bredenborn", „Gehrden",

„Paderborn", „Peckelsheim", „Warburg" und „Willebadessen". In der Reihe „Deutsche Landschaften – Erläuterungen zur topographischen Karte 1 : 50 000" erläuterte er das Blatt Paderborn, und für die „Avifauna von Westfalen" lieferte er einen Beitrag über die „Ornithologische Gliederung Westfalens". Im Topographischen Atlas von Nordrhein-Westfalen (1968) ist er mit 14 Beiträgen vertreten (Arnsberger Wald, Mescheder Bergland, Briloner Hochfläche, Obermarsberg, Warstein-Rüthen, Hochsauerland um Winterberg, Siegerland, Städtedreieck Rheda-Wiedenbrück-Gütersloh, Blomberger Becken, Paderborner Land, Eggegebirge, Paderborn und die Paderborner Hochfläche, Delbrücker Land, Warburger Börde, Wesertal bei Höxter).

Und nun haben wir sein neuestes Buch in Händen: „Das Westfälische Land – Einblicke und Ausblicke von seinen Aussichtstürmen und höheren Aussichtsplätzen" (Paderborn 1985). – Geographen haben es mit der Erde zu tun. Besonders eindrucksvoll und deutlich wird diese Erde im Blick von oben, von den Türmen und den Gipfeln der Berge.

Wir danken Ludwig Maasjost für die große Fülle seiner eindrucksvollen Schilderungen und Deutungen der westfälischen Landschaften und widmen ihm diese Schrift

Günther Becker, Lioba Beyer, Wolfgang Feige,
Manfred Hofmann, Alois Mayr, Hans Mertens,
Gerhard Müller, Bernhard Oltersdorf, Adolf Schüttler,
Wolfgang Seidel, Hans-Hubert Walter

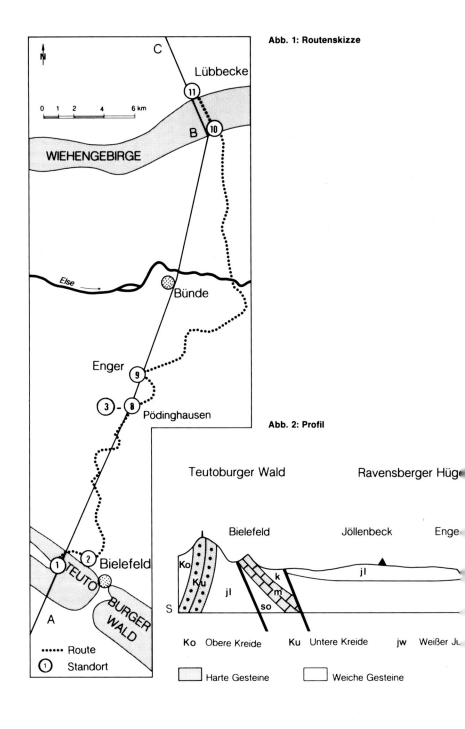

Abb. 1: Routenskizze

Lübbecke

WIEHENGEBIRGE

Else

Bünde

Enger

Pödinghausen

Abb. 2: Profil

Teutoburger Wald

Ravensberger Hüg...

Bielefeld

Jöllenbeck

Enge...

Ko

Ku

jl

k

m

jl

so

S

Bielefeld

TEUTO

BURGER

WALD

A

•••••• Route

① Standort

Ko Obere Kreide   Ku Untere Kreide   jw Weißer Ju...

Harte Gesteine   Weiche Gesteine

Ravensberger Land:

VOM TEUTOBURGER WALD ZUM WIEHENGEBIRGE

Adolf Schüttler

Exkursionsverlauf

Eintägige Busexkursion, ca. 40 km, mit mehreren Wanderungen, ca. 7 km.

Karten

TK 1:200000 (Hrsg.: NW) IAG Frankfurt/M.) Blatt: CC 3910 Bielefeld.
TK 1:5000 (Hrsg.: LVA NW) Blätter: L 3916 Bielefeld, L 3716 Lübbecke.

Einführung

Der Teutoburger Wald oder Osning besteht aus mehreren Nordwest-Südost streichenden, langgestreckten Rücken oder Eggen aus harten Gesteinen: aus Kalken der Oberen Kreide (in unserem Profil nicht ausgebildet), aus dem Osningsandstein der Unteren Kreide und aus Kalken des Unteren und Oberen Muschelkalks. Die zwischen den Rücken eingesenkten Längstäler sind Ausräume in weniger widerstandsfähigen Mergeln und Tonsteinen der Kreide, des Lias, des Mittleren Muschelkalks und des Oberen Buntsandsteins. Die Senken werden beackert und sind mit bäuerlichen Einzelhöfen, in Stadtnahe auch in zunehmendem Maße mit Wohnhäusern besiedelt, während die Rücken bewaldet sind. Durch die Saxonische Gebirgsbildung wurde der nördliche Triasflügel entlang der Osningachse auf den südlichen Kreideflügel überschoben. Eine zweite

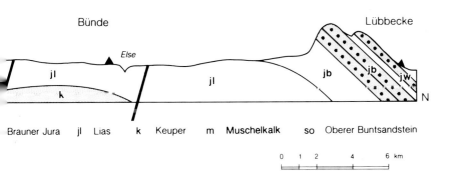

Saxonische Hebungslinie, die Piesberg-Pyrmonter Achse, verläuft von Westen nach Osten durch die Mitte des Ravensberger Hügellandes. Aber sie tritt im Relief nicht hervor, weil hier nur weiche Keupergesteine an die Oberfläche treten. Weitgehend fällt diese tektonische Hebungslinie mit der Else-Werre-Niederung zusammen (Reliefumkehr). Diese entstand als Schmelzwasserrinne an einem saalezeitlichen Eisrand. Nördlich der Piesberg-Pyrmonter Achse fallen die Keuper- und Liasschichten zunächst flach, dann steiler nach Norden ein und werden im Wiehengebirge von den Schichten des Braunen und Weißen Jura überlagert. Dabei bilden harte Sandsteine und Kalksandsteine asymmetrische Schichtkämme mit steilen Südhängen.

Zwischen Teutoburger Wald und Wiehengebirge stellt das Ravensberger Hügelland einen Ausraum in weichen Keuper- und Liastonsteinen dar. Darüber lagern Reste der saalezeitlichen Grundmoräne, die von einer fast geschlossenen Lößdecke bedeckt werden. Das lößbedeckte Ravensberger Hügelland ist ein früh und dicht besiedeltes Bauernland, das in den letzten 200 Jahren zunehmend urbanisiert und industrialisiert wurde.

Routenbeschreibung

Der Bielefelder Osning und sein nördliches Vorland.

1. Naherholung und Wohnsiedlung

Parken an der Wertherstraße nördlich der Universität, unmittelbar östlich des Zentrums für Interdisziplinäre Forschung (ZIF) am Waldrand. Von dort führt ein Weg in den Buchenhochwald und auf den Muschelkalkrücken (200 m), den Stecklenbrink. Links am Wege ist nach Norden einfallender Muschelkalk aufgeschlossen, rechts ein Trockental am verkarsteten Hang.

Auf dem Rücken treffen mehrere bezeichnete Wanderwege, Autorundwanderwege und Reitwege zusammen. Der Teutoburger Wald ist hier Naherholungsgebiet im Besitz der Stadt Bielefeld und vorwiegend mit Buchenwald bestanden. Weiter nach Süden, talab bis zum Waldrand und dann links bis zur ersten Bank. Hier ist der Obere Buntsandstein (Röt) an dem roten Boden mit Schieferbröckchen zu erkennen. Halbrechts von der Bank führt ein kleiner Pfad an einen Bach. Auf dem undurchlässigen Untergrund hat sich ein immer Wasser führendes Gewässernetz entwickelt und die weichen Schichten ausgeräumt. Nach Süden blickt man über den Röt-Lias-Ausraum auf den Hauptkamm des Teutoburger Waldes aus hartem Osningsandstein: langgestreckte, durch hochliegende Pässe voneinander getrennte Rücken mit Gipfellagen um 300 m, auf der 312 m hohen Hünenburg eine eisenzeitliche vorgermanische Wallburg, ein Fernsehturm und ein Aussichtsturm.

In dem Röt-Lias-Ausraum intensive Durchdringung landwirtschaftlich genutzter Flächen mit alleinstehenden Wohnhäusern und aufgelockerten Siedlungszeilen.

Weiter nach Westen über den heute in städtischem Besitz befindlichen Bökenkamphof (Straßenschild) erreicht man die Wanderstrecke 2, den Poetenweg. Ihm folgen wir bis zu einem großen Bauernhof auf der linken Seite. Hier wenden wir uns nach rechts bergauf und gelangen über die Straße „Auf der Egge" wieder auf den Muschelkalkkamm und seine Nordabdachung. Inzwischen haben wir die ehemalige Grenze zwischen der Stadt und dem Landkreis Bielefeld überschritten, die noch heute in der Landschaft wirksam ist. Während die Stadt den Teutoburger Wald als Naherholungsbereich von jeder Bebauung freihielt, stellte ihn der Landkreis für Wohnsiedlungen zur Verfügung. So entstand ein anspruchsvolles Wohnviertel mit zum Teil recht aufwendigen Wohnhäusern in ausgedehnten Gartenanlagen.

Unterhalb des Kammes folgen wir nach rechts dem mit einer Raute bezeichneten Wanderweg 12 bis auf die Wertherstraße am Bergfuß.

2. Urbanisierung des ländlichen Raumes an der städtischen Peripherie

Das Urmeßtischblatt von 1837 und die Neuaufnahme der TK 25 von 1895 verzeichnen am Nordfuß des Teutoburger Waldes westlich von Bielefeld gereihte, recht große bäuerliche Einzelhöfe inmitten ihres geschlossen liegenden Besitzes. Sie liegen an einem Quellhorizont, wo der durchlässige Muschelkalk von undurchlässigen Keupertonen überlagert wird. Die Bergfußstraße von Bielefeld nach Werther verläuft oberhalb des Quellhorizontes am trockenen Hang. Seit den 20er Jahren griff die städtische Bebauung von Osten nach Westen in dieses einst peripher gelegene Bauernland hinein.

Nach Überqueren der Wertherstraße kommen wir in die *Wellensieksiedlung* auf dem früheren Hof Wellhöner. Dieser wurde nach einem Brand 1928 von einer Siedlungsgesellschaft erworben und mit einer geschlossenen Wohnsiedlung für kinderreiche Familien im Charakter einer Gartenvorstadt bebaut. Das westlich gelegene Tälchen, das Wellensiek, blieb als Grünanlage mit Quelle, aufgestautem Teich und schönem Buchenbestand erhalten. Wegen seiner bemerkenswerten architektonischen Geschlossenheit wurde die Wellensieksiedlung unter Denkmalschutz gestellt.

An der Schule vorbei nach links über das Wellensiek erreichen wir eine zur Zeit noch im Aufbau befindliche Wohnsiedlung, den *Lohmannshof*, mit einem hohen Anteil an freistehenden oder gereihten Eigenheimen. Anstelle des Bauernhofes entstand eine Rasenfläche, die von den schönen alten Hofeichen umstellt wird.

Wir gehen zur Schule zurück und erreichen weiter geradeaus die 1976 fertiggestellte *Universität* auf dem Gelände der Höfe Voltmann und Kleineberg. Das kompakte Hauptgebäude enthält 12 Fakultäten mit allen Einrichtungen. Obwohl ursprünglich als Reformuniversität nur für 3600 Studierende geplant, studieren hier heute über 14 000. Auf dem Wege zum ZIF und zum Bus liegt das große steinerne Hauptgebäude des Voltmannshofs, heute internationales Begegnungszentrum der Universität.

Weiterfahrt stadtwärts zum Wohnsiedlungsgebiet Bültmannshof: zunächst an der Ampel nach links in die Voltmannstraße, dann an der nächsten Ampel nach rechts in die Kurt-Schumacher-Straße: Parken am Straßenrand oder in der an der nächsten Ampel nach links abzweigenden Jakob-Kaiser-Straße.

Zu Fuß erreichen wir den *Bültmannshof,* der heute als Gaststätte dient. Das Vierständer-Fachwerkhaus wurde vorbildlich restauriert, so daß Aussehen und

Gliederung des niederdeutschen Hallenhauses erhalten blieben. Die Gäste sitzen auf der Längsdiele oder in den seitlich anschließenden Ställen.

Ein Gang um den vergrößerten Flachsteich, in welchem früher der Flachs „geröstet" wurde, läßt eine interessante Silhouette des Baubereichs erkennen: im Westen ein Rest des ehemaligen Markenwaldes, heute im Besitz der Universität, ringsumher sechs- bis zehnstöckige Punkthäuser in weiten Abständen mit Miet- und Eigentumswohnungen, dazwischen einige Reihenhäuser und viele einstöckige Eigenheime, Bungalows und Atriumhäuser, eingebettet in Garten- und öffentliche Grünanlagen.

Vor dem Bültmannshof entstand ein kleines Einkaufs- und Dienstleistungszentrum, wobei ein Durchblick auf die Giebelseite des Bauernhauses vorbildlich gestaltet wurde. Auf der anderen Seite liegt das neue evangelische Gemeindezentrum. Von der danebenliegenden Straßenbrücke blickt man in eins der vielen Sieke (s. u. 3). Das sind bodenfeuchte Kastentäler, die nicht zur Bebauung geeignet sind und hier zu vorbildlichen Grünanlagen mit Promenadenwegen gestaltet wurden.

Bäuerliche und nichtbäuerliche Siedlung im Ravensberger Land: Pödinghausen – Oldinghausen – Enger

Weiterfahrt: zurück in Richtung Universität, an der Ampel rechts über die Voltmannstraße bis zu ihrer Einmündung in die Jöllenbecker Straße, über diese nach links bis Jöllenbeck, dort an der zweiten Ampel nach rechts über die Dorfstraße, am Denkmal mit dem preußischen Adler nach links in die Eickumer Straße, nach 900 m wieder nach links über die Pödinghauser Straße in Richtung Enger bis Pödinghausen. Parken im Norden der ehemaligen, heute zur Stadt Enger gehörenden Bauerschaft rechts an der Straße vor einem Elektrizitätshäuschen.

3. Drubbel und Langstreifenesch in Pödinghausen

An der anderen Straßenseite ein typisches *Siek* mit flachem, ebenem Talboden und niedrigen, aber steilen Hängen. Wegen der unterlagernden Liastone ist der Talboden feucht. Er wurde durch gradlinige Gräben entwässert und wird als Grünland genutzt. Diese für das Ravensberger Hügelland typischen Sieke entstanden durch Abgraben der Hänge aus ursprünglichen Kerb- oder Muldentälchen. Westlich des Sieks setzt an der Oberkante eine sehr flache, fast ebene, uhrglasförmig gewölbte, mit Löß bedeckte Kuppe an. Fünf, ursprünglich sechs, vollbäuerliche Höfe bilden einen weilerartigen „Drubbel" zwischen Siek und Kuppe.

Zu Fuß über den Lütkeböhlweg auf diese Kuppe. Hier lag der Esch, das älteste, in schmale Streifenparzellen gegliederte Dauerackerland der Drubbelbauern (Langstreifenesch). Der große Einzelhof wurde erst 1920 aus dem Drubbel hierher verlegt. Der Esch wird ringsum von Sieken begrenzt.

4. Der Meierhof „Pömeier"

Abseits vom Drubbel liegt ein großer Einzelhof inmitten seiner Ländereien. Im Gegensatz zu den Drubbelhöfen hatte er keinen Anteil an der Langstreifenesch-

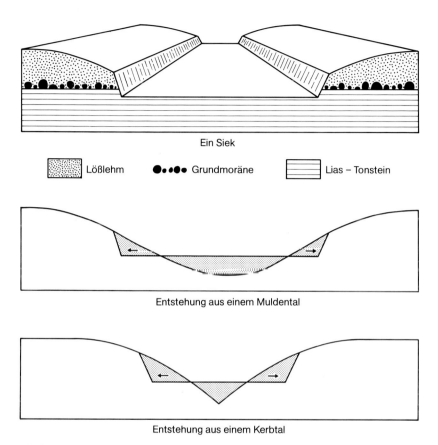

Ein Siek

Lößlehm   Grundmoräne   Lias – Tonstein

Entstehung aus einem Muldental

Entstehung aus einem Kerbtal

Abb. 3: Entstehung der Sieke

flur. Wahrscheinlich sind solche den Drubbeln zugeordneten Höfe fränkische Gründungen zur Kontrolle der unterworfenen sächsischen Bauernbevölkerung.

Wir folgen vom Elektrizitätshäuschen dem Weg „Im Mühlensiek" nach Osten am Siek entlang bis zum Hof. Das Haus ist ein typisches niederdeutsches Vierständerhaus mit Längsdiele. Der Hof ist an einen Saatzuchtbetrieb verpachtet. Von der Straße aus Blick auf den Liesberg, auf dem eine Windmühle steht. Hier war früher die saalezeitliche Grundmoräne aufgeschlossen, die große Findlinge enthielt.

Der Rückweg führt ein Stück die Straße entlang nach rechts (Süden) und dann wieder nach rechts über den „Pödinghauser Landweg" durch die Saatzuchtfelder zum Parkplatz zurück.

Weiterfahrt nach Süden durch den Drubbel und dann am Hinweisschild nach rechts zu einer Gärtnerei: Rundblick.

13

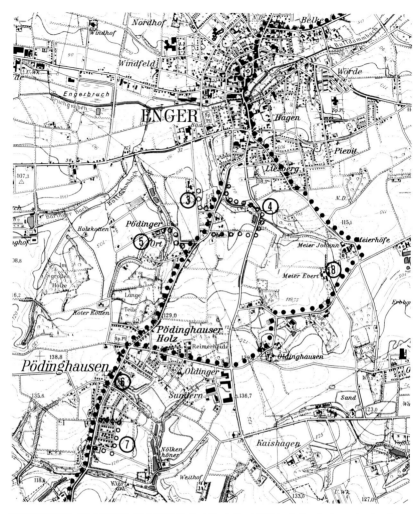

Kartengrundlage: TK 1:25 000, Blatt 3817 Herford-West. Vervielfältigt mit Genehmigung des Landesvermessungsamtes Nordrhein-Westfalen vom 13. 2. 1985, Nr. 103/85.

② Standort   ● ● ● ● Fahrtroute   o o o o Fußweg

Abb. 4: Exkursionsroute im Raum Enger

5. Markköttersiedlung „Pödinger Ort"

Pödinger Ort ist ein Teil der ehemaligen Gemeinen Mark, die früher von den Markberechtigten als Holzung, Waldweide und zur Plaggengewinnung genutzt wurde. Sie wurde später durch die Markkötter gerodet und besiedelt (15. bis 17. Jh.). Die Markkötterhöfe sind kleiner als die Drubbelhöfe. Sie liegen als Einzelhöfe inmitten ihres geschlossenen Besitzes. Im Hintergrund die „Langen Teile", ein Rest des Markenwaldes, der zu Anfang des 19. Jh. geteilt und in privaten Besitz überführt wurde.

Weiterfahrt zurück nach Süden über die Jöllenbecker Straße, vom Drubbel in die ehemalige Gemeine Mark, am Wege zunächst Blockfluren (Kämpe) der Drubbelbauern und Erbkötter, rechts die frühere Gemeindeschule, heute Sonderschule für die Stadt Enger, zwischen Drubbel und Mark gelegen. Dahinter ein Rest des bei der Markenteilung aufgeteilten Waldes mit dem bezeichnenden Flurnamen „die Langen Teile". Fährt man von Norden nach Süden von Enger nach Bielefeld durch Pödinghausen, so passiert man den alten Drubbel ohne Geschwindigkeitsbegrenzung. Der fremde Autofahrer merkt kaum, daß er durch einen alten Siedlungskern gefahren ist. Das Ortsschild „Pödinghausen – Stadt Enger" mit der Geschwindigkeitsbegrenzung auf 50 km/h steht dort, wo die heute dicht besiedelte, einst menschenleere Mark beginnt.

Parken nahe am Sportplatz an der Kreuzung mit der Sundernstraße. Hier aussteigen. Bus oder Auto fahren weiter bis zum links abzweigenden „Gelben Weg".

6. Die Mark als Wohnsiedlung und Industriestandort

Zu Fuß weiter über die Jollenbecker Straße: Auf ehemaligem Markengrund zunehmende nichtbäuerliche Bebauung entlang der Straße mit meist zweistöckigen Wohnhäusern. Die ältesten stammen aus dem Beginn des 20. Jh. Die Bewohner sind zumeist Tagespendler, die in Bielefeld, Herford und Enger beschäftigt sind, vorwiegend in der Industrie. So hat sich der Schwerpunkt der Siedlung aus dem älteren bäuerlichen Drubbel in die nichtbäuerlich besiedelte Mark verlagert. Eingestreut in die Wohnsiedlung sind einige, meist umgebaute Markkotten und Heuerlingskotten und drei 1914 aus Handwerksbetrieben hervorgegangene Möbelfabriken sowie etwa ein Dutzend Einzelhandelsläden.

Im äußersten Süden, nahe an der Gemarkungsgrenze: neuzeitliche Ausdehnung der Wohnsiedlung, die noch nicht abgeschlossen ist.

7. Der Doppelhof

Zugang über den Gelben Weg, dann nach rechts (Süden) über die Straße „Zum Hönerbrock" bis zum „Ziegensteg". Blick nach Süden: Zwei große benachbarte Einzelhöfe, ein Doppelhof, liegen inmitten zugehöriger ausgedehnter Ackerschläge, wahrscheinlich entstanden sie als hochmittelalterliche Rodungen in größtmöglicher Entfernung von den alten Drubbeln. Über den Ziegensteg bis an die Straße. Hier zwei zu Wohnhäusern umgebaute Markkotten, deren Fluchtlinien winklig zu dem späteren Straßennetz verlaufen. In diesem neuen Viertel städtische „Spielstraßen" mit bewußter Behinderung des Durchgangsverkehrs.

Weiterfahrt: Zurück zur Ortsmitte und dann nach Osten nach Oldinghausen (Straßenschild). An der linken Seite der Überrest des ehemaligen Markenwaldes zwischen den ehemaligen Bauerschaften Pödinghausen und Oldinghausen, an der anderen Seite auf Markengrund ein neues Gewerbegebiet mit Möbelherstellung und Kunststoffverarbeitung: die Mark wird Industriestandort.

Wie die untenstehende Tabelle für den Kreis Herford zeigt, steht die Holzverarbeitung in der Industrie des Ravensberger Landes an erster Stelle. Es handelt sich dabei fast ausschließlich um die Herstellung von Möbeln, neuerdings mit Schwerpunkt Kücheneinrichtungen und Küchenmöbeln. Die Möbelindustrie entwickelte sich in der Mitte des vorigen Jahrhunderts aus dem schnell wachsenden Bedarf des Ruhrreviers. Sie verlagerte sich dabei aus dem Lippischen Raum an die Köln-Mindener Eisenbahn und besonders nach Herford. Von dort verbreitete sie sich vor allem nach dem zweiten Weltkrieg weiter nach Westen über das ganze Ravensberger Land. Im Exkursionsbereich sind die zahlreichen Möbelfabriken an ihrer horizontalen Ausdehnung und den aufgesetzten Exhaustern deutlich zu erkennen.

Tabelle: Verarbeitendes Gewerbe im Kreise Herford, 1984,
Betriebe mit 20 und mehr Beschäftigten

	Betriebe Anzahl	%	Beschäftigte Anzahl	%
1. Holzbe- und -verarbeitung	92	28	9 513	30
2. Bekleidungsgewerbe	61	19	4 432	14
3. Herstellung von Blech- und Metallwaren	18	5	3 093	10
4. Nahrungs- und Genußmittel (ohne Tabakverarbeitung)	16	5	2 484	8
5. Maschinenbau	25	8	2 199	7
6. Kunststoffverarbeitung	17	5	1 687	5
7. Elektrotechnik	9	3	1 192	4
8. Tabakverarbeitung	6	2	1 071	3
übrige	85	25	6 281	19
insgesamt	329	100	31 952	100

Weiterfahrt nach Osten und nach Querung der Straße von Bielefeld nach Enger zum Drubbel Oldinghausen.

In Oldinghausen vor dem ersten Hof nach links bergab, dann nach rechts über die Schulstraße an der Schule vorbei und an der zweiten Abzweigung über die Seelbornstraße zum *Hof Meier-Johann* mit schöner Giebelfassade an der linken Straßenseite:

8. Der Sattelmeierhof Meier-Johann

Das Hauptgebäude ist ein typisches niederdeutsches Hallenhaus mit giebelseitiger Toreinfahrt und großer Längsdiele. Solche stattlichen „Sattelmeierhöfe" sind rings um Enger sehr zahlreich. Der Sage nach sollen hier die Kampf- und Jagdgefährten des Sachsenherzogs Widukind nach seiner Unterwerfung unter Karl den Großen gelebt haben. Nüchterner deuten die Historiker diese großen

Höfe als fränkische Gründungen zur Überwachung der nach langen Kriegen unterworfenen Sachsen und ihres Anführers, der vielleicht seinen Lebensabend in Enger verbrachte. Im Gegensatz zu den Drubbelbauern haben die Sattelmeier keinen Anteil an den langen Streifen auf dem Esch. Ihr ausgedehntes Land liegt geschlossen um den Hof herum.

Auf der Weiterfahrt nach Enger zur rechten Seite ein Denkmal, das an das Ende der napoleonischen Fremdherrschaft erinnert. Es besteht aus Findlingen der saalezeitlichen Moräne von dem benachbarten Liesberg, auf dem eine Windmühle steht.

Parken nördlich von der Stiftskirche in Enger. Zufahrt über die Steinstraße und Bahnhofstraße.

9. Die Kleinstadt Enger

Enger (16 000 Einwohner) hat eine deutliche Mittellage im Ravensberger Land zwischen dem Teutoburger Wald, dem Wiehengebirge, dem Lipper Bergland und den Meller Bergen, während die beiden weitaus größeren Städte Bielefeld und Herford randlich, aber in besserer Verkehrslage sich entwickelten, nämlich an der Paßstraße und an der Eisenbahn durch den Bielefelder Paß und das Durchbruchstal der Weser an der Porta Westfalica. Beherrschender Mittelpunkt Engers ist die große romanisch-gotische Hallenkirche des ehemaligen Stiftes St. Dionysius, das um die Mitte des 10. Jahrhunderts gegründet wurde. Aber erst 1719 erhielt Enger Stadtrechte. Ein baumbestandener Kirchplatz wird von gepflegten Fachwerkhäusern umrahmt. Das Wittekindmuseum orientiert über den Sachsenherzog und die Geschichte der Stadt.

Das Wiehengebirge

Die langgestreckten Eggen des Teutoburger Waldes und des Wiehengebirges begrenzen wirkungsvoll das Ravensberger Hügelland gegen die tiefer gelegenen Vorländer, die Westfälische Bucht und die norddeutsche Geest. Sie verlaufen quer zu dem von Süden nach Norden und von Südwesten nach Nordosten gerichteten Fernverkehr, erschweren und behindern ihn aber kaum, sondern erlauben über niedrige Pässe und Durchbruchstäler den Durchgang. Als Beispiel soll hier der Lübbecker Paß durch das Wiehengebirge mit der Bundesstraße 239 von Herford über Bünde und Espelkamp nach Bremen vorgestellt werden.

Weiterfahrt von Enger nach Osten am Bolldambach entlang über die Hiddenhauser Straße über Belke, Steinbeck, Hiddenhausen, Eilshausen bis zum Gut Oberbehme, von dort über die B 239 nach Norden bis an den bewaldeten Steilhang des Wiehengebirges und in den Lübbecker Paß hinein. Parken auf dem Parkplatz an der rechten Straßenseite unmittelbar hinter der Fußgängerbrücke, der Wittekindsbrücke.

10. Der Lübbecker Paß

Zu Fuß auf die Wittekindsbrücke. Die vielbefahrene Straße fällt deutlich nach Norden und Süden ab. Der Paß und mit ihm die lokale Wasserscheide sind durch rückschreitende Erosion weit nach Süden, fast bis an den Gebirgsfuß vorgeschoben worden. Der Nordhang ist deutlich flacher als der Südhang. Das Wiehenge-

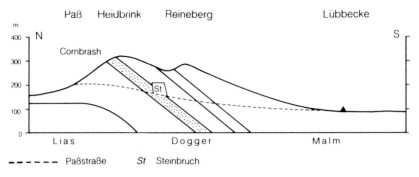

Abb. 5: Der Lübbecker Paß

birge trug ursprünglich einen artenarmen Buchenwald. Heute ist etwa ein Drittel seiner Fläche mit Fichtenforst bedeckt.

Am ersten Haus nördlich der Brücke liegen Findlinge, die beim Hausbau gefunden wurden: das saalezeitliche Inlandeis ist durch die Pässe des Wiehengebirges vorgestoßen und hat sie dabei erweitert. Wir folgen der Wanderstrecke 6 von der Wittekindsbrücke talabwärts, zunächst durch einen breiten Hohlweg. Mehrere Quellbäche liegen im Oberlauf meist trocken, aber etwas weiter nach unten fließt immer Wasser. Hier hat sich der Bach tief in die Talsohle eingeschnitten: Die Tiefenerosion ist also noch wirksam. Die Anzapfung der südlichen Gewässer und damit die Entwicklung zum Durchbruchstal stehen kurz bevor.

In einem aufgelassenen Steinbruch, rechts vom Wege, ist der Cornbrash aufgeschlossen: ein harter, grobkörniger, gebankter Sandstein aus dem Dogger. Die Schichten fallen nach Norden etwas steiler ein als die Landoberfläche, so daß in dieser Richtung immer jüngere Schichten ausstreichen.

11. Die Paßstadt Lübbecke

Weiterfahrt über die B 239 nach Lübbecke. Parken im Zentrum auf dem ehemaligen Marktplatz zwischen Kirche und Rathaus.

Die wuchtige romanisch-gotische Andreaskirche, das Rathaus und ein ehemaliger Burgmannshof, heute Heimatmuseum, weisen auf die Geschichte der Stadt hin: Karolingische Urpfarrei, Stadtgründung im 13. Jahrhundert durch den Bischof von Minden und Sitz mehrerer ritterlicher Burgmannen der Mindener Festung auf dem nahegelegenen Reineberg im Wiehengebirge. Die städtische Entwicklung wurde begünstigt durch ihre Lage im Schnitt der Paßstraße Herford–Bremen (B 239) mit der Bergfußstraße Minden–Osnabrück (B 65). In entsprechender Lage entwickelten sich auch im Schnitt von Paß- und Bergfußstraße am Teutoburger Wald die Städte Bielefeld, Halle und Werther. Im Kern der Altstadt entstand nördlich des Rathauses ein ansprechend gestaltetes Einkaufszentrum mit einem vielseitigen Angebot, das auch von Käufern aus dem Ravensberger Land jenseits des Wiehengebirges angenommen wird. Zu Fuß: Vom Heimatmu-

18

seum im ehemaligen Burgmannshof rund um die Kirche und vorbei an neuen Klinkerbauten, die gut an die historische Substanz angepaßt wurden, zum Rathaus und weiter zum Einkaufsviertel. Wie Enger durch Herford so wurde auch Lübbecke in seiner städtischen Entwicklung durch das ältere und günstiger gelegene Minden an der bedeutenderen Fernverkehrsstraße, der Eisenbahn Bielefeld–Herford–Minden und an der schiffbaren Weser beeinträchtigt, zuletzt 1969 durch die kommunale Neugliederung, wobei Lübbecke durch die Zusammenlegung der Kreise Minden und Lübbecke seine Funktion als Kreisstadt zugunsten von Minden verlor.

Literatur:

Düsterloh, D. und A. Schüttler (1983): Siedlungs- und Wirtschaftsraum Bielefeld. In: Heineberg/Mayr (Hrsg.): Exkursionen in Westfalen und angrenzenden Regionen. Festschrift zum 44. Deutschen Geographentag in Münster 1983, Teil II (Münstersche Geogr. Arbeiten, H 16) Paderborn.

Engel, G. (1968): Politische Geschichte Westfalens. Köln und Berlin.

Fröhlich, M. und B. Oltersdorf (1972): Die Landschaften rings um Bielefeld. Bielefelder Hochschulschriften 5. Bielefeld.

Fuchs, G. (1984): Ravensberger Land und Senne. In: Heineberg/Mayr (Hrsg.): Exkursionen in Westfalen und angrenzenden Regionen. Festschrift zum 44. Deutschen Geographentag in Münster 1983, Teil II. (Münstersche Geographische Arbeiten, H 16). Paderborn.

Meisel, S. (1959): Die naturräumlichen Einheiten auf Blatt 85 Minden. Geographische Landesaufnahme 1:200 000, Naturräumliche Gliederung Deutschlands. Remagen.

Müller-Wille, W. (1966): Bodenplastik und Naturräume Westfalens. Spieker 14. Münster.

Müller-Wille, W. (1952/1981): Westfalen – Landschaftliche Ordnung und Bindung eines Landes. Münster.

Rook, G. (1965): Lübbecke. In: Die Städte in Westfalen. Berichte zur deutschen Landeskunde 34. Band. Bad Godesberg.

Schütte, L. (1981): Enger. In: Westfälischer Städteatlas, Lieferung II, 6. Dortmund.

Schüttler, A. (1965): Beiträge Bielefeld und Enger. In: Die Städte in Westfalen. Berichte zur deutschen Landeskunde, 34. Band. Bad Godesberg.

Schüttler, A. (1969): Beiträge: 119 Ravensberger Land – Mindener Land – Lipper Land. 121 Bielefeld und Umgebung. 124 Die Lübbecker Egge und ihr nördliches Vorland. In: Topographischer Atlas, Nordrhein-Westfalen. Bad Godesberg.

Schüttler, A (1984): Rödinghausen im Ravensberger Land. Okologisch-ökonomische Strukturen und Wandlungen. Rödinghausen (Kreis Herford).

Stoob, H. (1975): Bielefeld. In: Westfälischer Städteatlas, Lieferung I, Nr. 3. Dortmund.

Zierke, I. (1960): Talentwicklung und Oberflächenformen im Einzugsbereich der Werre zwischen Teutoburger Wald und Wiehengebirge. Forschungen zur deutschen Landeskunde Band 116. Bad Godesberg.

Oberwälder Land:

VOM EGGEGEBIRGE ZUR WESER

Gerhard Müller

Exkursionsverlauf

Eintägige Busexkursion, ca. 140 km (ab Paderborn), mit mehreren Kurzwanderungen und einem Rundweg von ca. 2½ Stunden Dauer am Ende der Exkursion.

Karten

TK 1:200000 (Hrsg.: IAG, Frankfurt/M.) Blatt CC 4718 Kassel
TK 1:50000 (Hrsg.: LVA NW) Blätter: L 4318 Paderborn, L 4320 Bad Driburg;

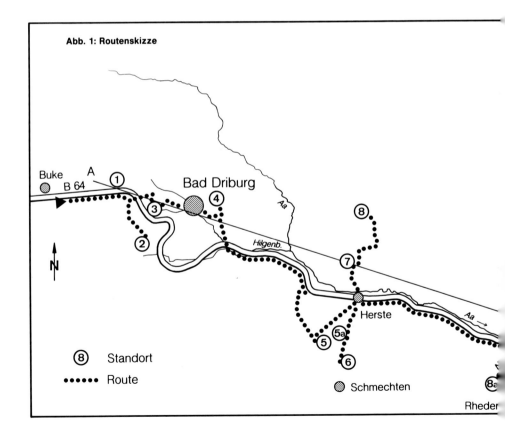

Abb. 1: Routenskizze

TK 1:50000 (Hrsg.: Niedersächs. LVA Hannover): Blatt L 4322 Höxter; Kreis-karte 1:50000 (Hrsg.: LVA NW) Blatt Nr. 23 – Kreis Höxter.
Geologische Karte 1:100000 (Hrsg.: Geologisches Landesamt NW) Blatt C 3418 Paderborn.
Geologische Karte von Preußen 1:25 000 mit Erläuterungen.
Blatt Altenbeken (bearb. von H. Stille), Berlin 1935.
Blatt Bad Driburg (bearb. von H. Stille), 2. Aufl. Berlin 1935.
Blatt Brakel (bearb. von W. Weissermel), Berlin 1929.
Blatt Höxter (bearb. von O. Grupe), Berlin 1929.

Einführung

Das Profil soll charakteristische Merkmale der physisch-geographischen Raumausstattung zwischen dem Eggegebirge bei Bad Driburg und dem Wesertal bei Höxter erschließen. Wegen dieser thematischen Akzentuierung wird auf anthropogene Kräfte und Prozesse nur untergeordnet eingegangen.

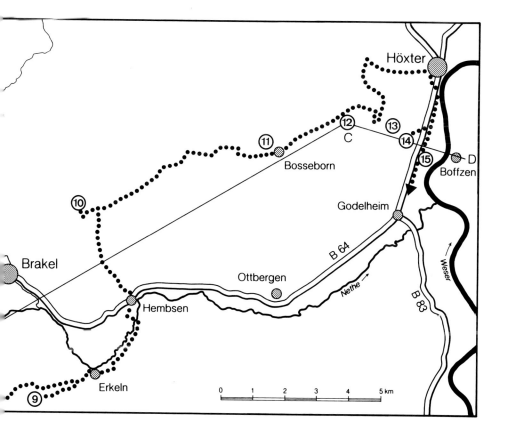

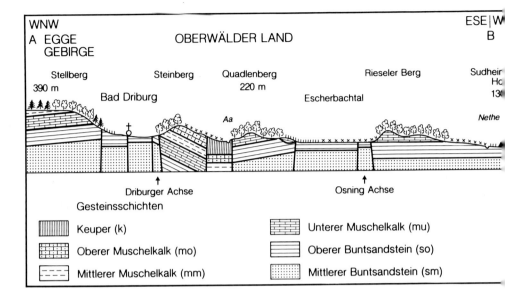

WNW
A EGGE GEBIRGE
OBERWÄLDER LAND
ESE|W
B

Stellberg
390 m
Bad Driburg
Steinberg
Quadlenberg
220 m
Escherbachtal
Rieseler Berg
Sudheir
Ho
13(

Aa

Nethe

Driburger Achse
Gesteinsschichten

Osning Achse

Keuper (k)

Oberer Muschelkalk (mo)

Mittlerer Muschelkalk (mm)

Unterer Muschelkalk (mu)

Oberer Buntsandstein (so)

Mittlerer Buntsandstein (sm)

Das Exkursionsprofil beginnt in der östlichen Kammregion des Eggegebirges bei Bad Driburg. Hier verläuft die Übergangszone zwischen dem ausstreichenden Neocomsandstein (Unterkreide) und Schichten des Muschelkalks im Liegenden. Der Wellenkalk umrahmt mit steilhängigen Schichtstufen den Rötausraum des Driburger Talkessels. Kernraum der Exkursion ist das „Oberwälder Land", das seinen Namen nach dem „Oberwäldischen Distrikt" (d. h. jenseits des Waldes der Egge) des ehemaligen Fürstbistums Paderborn erhielt. In diesem Triasland bilden die Gesteine des Muschelkalks mehrere Schichtstufenlandschaften (z. B. um Bad Driburg, Herste, Höxter). Oberhalb der Täler dominieren Hochflächenareale in den Schichten von Muschelkalk und Keuper (z. B. um Bosseborn). Durch die Erosionstätigkeit der Nethe und ihrer Nebenflüsse (Hilgenbach, Aa, Brucht u. a.) entstanden weite Talkessel im Röt. Hydrogeologische Besonderheiten stellen zahlreiche kohlensäurehaltige Mineralquellen dar. Sie sind überwiegend an große Störungslinien gebunden, die das östliche Vorland der Egge durchziehen. Im Osten leitet die Muschelkalk-Doppelstufe zum Höxterschen Wesertal über, dessen eiszeitliche Schotterterrassen besonders bei Godelheim abgegraben werden.

Routenbeschreibung:

Das östliche Eggegebirge bei Bad Driburg

(Erdfälle in der Kammregion, Wellenkalkschichtstufe „Weiße Mauer", Bollerwienquelle.)

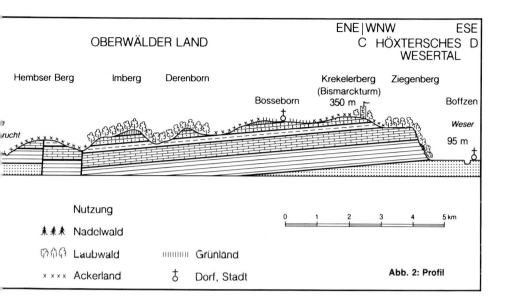

OBERWÄLDER LAND

ENE | WNW   ESE
C HÖXTERSCHES D
WESERTAL

Hembser Berg   Imberg   Derenborn

Bosseborn

Krekelerberg   Ziegenberg
(Bismarckturm)
350 m

Boffzen

Weser
95 m

Nutzung

0   1   2   3   4   5 km

🌲🌲🌲 Nadelwald

🌳🌳🌳 Laubwald   ‖‖‖‖‖‖ Grünland

x x x x Ackerland   ⚲ Dorf, Stadt   **Abb. 2: Profil**

Von Paderborn über die B 64 bis zum Kamm des Eggegebirges. Gegenüber dem Straßenabzweig der Nebenstrecke nach Bad Driburg Einfahrt nach links in einen Waldweg, der auf seinem befestigten Anfangsteil ausreichend Parkmöglichkeiten bietet. Von hier Fußwanderung ein kurzes Stück talwärts (Hossengrundweg).

1. Erdfälle

Kurz hinter einem Schlagbaum liegt im Fichtenwald ein Trichter von ca. 15 m Durchmesser und etwa 5 m Tiefe, unmittelbar benachbart eine zweite kleinere Hohlform. Weitere Trichter befinden sich oberhalb der ersten Gruppe sowie auf der südlichen Seite des Weges und neben dem Parkplatz. Bei diesen Hohlformen handelt es sich um Erdfälle, die in der Kammregion beiderseits der B 64 häufig auftreten und meist an die Schichten des Mittleren Muschelkalks gebunden sind. Dies Gestein ist von Gipsnestern durchsetzt, die vom Grundwasser leicht gelöst werden können, so daß unterirdische Hohlräume entstehen, die bei ihrem Einsturz an der Erdoberfläche Vertiefungen bilden. Die Erdfälle an diesem Standort konzentrieren sich vor allem auf die Tiefenbereiche des Tales zum Hossengrund. Hier ermöglicht die größere Wasserzirkulation eine verstärkte Gesteinslösung.

Eine Besonderheit der Kammregion des Eggegebirges sind Erdfälle im Unterkreide-Sandstein, der selbst keine verkarstungsfähigen Horizonte enthält. Nördlich und südlich des Exkursionsstandortes liegt der Neocomsandstein jedoch auf Mittlerem Muschelkalk. Die in diesem Gestein durch Lösung entstandenen

Kavernen bewirken auch eine Nachsackung des auskeilenden und verhältnismäßig geringmächtigen Neocomsandsteins im Hangenden. Zwischen Egge und Weser gibt es in den Triasschichten zahlreiche Erdfälle. Die meisten liegen im Mittleren Muschelkalk. Auf landwirtschaftlich genutzten Flächen wurden jedoch viele Karsthohlformen inzwischen verfüllt. Das gilt auch für den größten Einzelerdfall in der Nähe der Exkursionsroute, die sog. Wasserkuhle östlich Schmechten (ehemals ca. 35 m im Durchmesser und über 15 m Tiefe). Trotz Schutzwürdigkeit ist dieser steilwandige Trichter vor kurzem restlos verfüllt worden.

Überquerung der Bundesstraße 64, Einbiegen in die Nebenstrecke nach Bad Driburg, ca. 200 m hinter Wirtshaus Eggekrug Abzweig eines Fahrweges zur Iburg. Nach 1,5 km Halt am Parkplatz „Schöne Aussicht".

2. *Weiße Mauer*

Kurzer Fußweg (Wanderzeichen x) durch Laubwald bis zu einer Schutzhütte am östlichen Steilhang des Gebirges. Von hier Blick in die rd. 200 m tiefer gelegenen Rötausraum des Driburger Talkessels sowie auf die Muschelkalk-Randberge mit dem Erosionstor von Hilgenbach/Aa. – Ca. 40 m weiter auf dem Wanderweg nach Süden wird ein Standort oberhalb einer Felswand am Steilabfall der Wellenkalk-Schichtstufe der Driburger Egge erreicht.

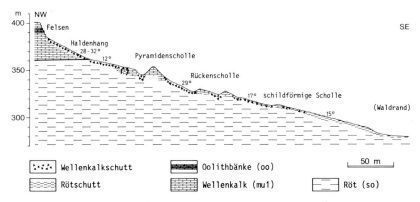

Abb. 3: Rutschungsgebiet „Weiße Mauer" zwischen Klusenberg und Iburg

Der Hang unter den Muschelkalkfelsen ist überzogen von Verwitterungsschutt (Fußhalde), der sich teilweise hinter den Bäumen staut und damit anzeigt, daß er als „Gekriech" talwärts wandert. Die Driburger Schichtstufenlandschaft der Egge ist an die Schichtenfolge Röt (Oberer Buntsandtein) – Wellenkalk (Unterer Muschelkalk) gebunden.

Für die Herausbildung von Schichtstufen ist der Resistenzunterschied zwischen dem Stufenbildner im oberen Teil und dem Sockelbildner im unteren Teil der Stufe ein bedeutsamer Faktor. Die Röttone und -mergel sind bei Wasserdurchtränkung quell- und fließfähig und können relativ leicht abgetragen werden, während der Wellenkalk mit seinen zwischengelagerten harten Werksteinbänken der Abtragung stärker widersteht. Die Abtragung und Zurückverlegung der Felswand geschieht auch heute noch. Indizien dafür sind frische Muschelkalkscherben unterhalb der Felsen. – Beim Blick hangabwärts sehen wir im unteren Abschnitt ein 8–10 m hohes pyramidenförmiges Gebilde aus Wellenkalk. Hierbei handelt es sich um ein abgerutschtes Teilstück der Felswand an unserem Standort. Diese imposante „Mauerscholle" (Ziegenknüll genannt) zeigt noch große Formenfrische und dürfte erst in historischer Zeit abgeglitten sein. Die Hänge der Driburger Schichtstufenlandschaft sind zwischen Iburg, Weiße Mauer und Gerkenberg/Klusenberg an zahlreichen Abschnitten durch abgerutschte Muschelkalkschollen gesäumt. Meistens sind die Formen dieser „Absitzschollen" jedoch stärker gerundet, so daß sie überwiegend einer älteren Generation von Rutschungen angehören dürften.

Vom Waldparkplatz zurück zur Kreisstraße 18, dann nach rechts über die Serpentinen am Osthang der Egge talwärts. In der unteren scharfen Kurve Halt am Anfang eines Waldrandweges. Von hier ca. 150 m Fußweg zur Bollerwienquelle.

3. Bollerwienquelle

Es handelt sich um eine typische Schichtquelle an der Grenze zwischen dem wasserführenden klüftigen Wellenkalk (Aquifer) und dem stauenden Röt (Aquiclude). Dieser Gesteinswechsel ist die Ursache für zahlreiche Quellen am Driburger Talkessel. Das Wasser des Bollerwien fließt z. T. aus einem höhlenartig erweiterten Spalt. Die ursprünglichen Gegebenheiten der Quellmulde wurden leider 1977 durch Abschürfen der Böschungen und Eingriffe in Flora und Fauna verändert. Die ehemals natürliche Situation ist verlorengegangen, die heutige durch Mauern, Eisengitter, Zäune und Abflußgräben mit Regelprofil gekennzeichnet.

Bad Driburg

Weiterfahrt durch Bad Driburg bis zum Kurbereich (Brunnenstraße) östlich der Eisenbahn. Halt am Parkplatz vor der Kurverwaltung.

4. Mineralquellen auf der Driburger Achse

Im Gebäude der Kurverwaltung (Kurgastschalter) oder in der Wandelhalle Orientierung an einer geologischen Karte mit Lage der Quellen und Bohrungen sowie einem Profilschnitt durch den Driburger Raum. Anschließend kann ein kurzer Rundgang durch die Anlagen dieses traditionsreichen Bades (z. B. Trink- u. Wandelhalle) unternommen werden. Die bereits vor einem Jahrtausend erwähnten Driburger Quellen werden verstärkt seit dem 17. Jahrhundert genutzt, zunächst durch die Paderborner Fürstbischöfe; ab 1782 Ausbau des Bades durch die Grafen von Sierstorpff.

Die Mineralquellen und Bohrungen dieses Heilbades gruppieren sich um die sog. „Driburger Achse", eine bedeutende Störungszone, an der die Gesteins-

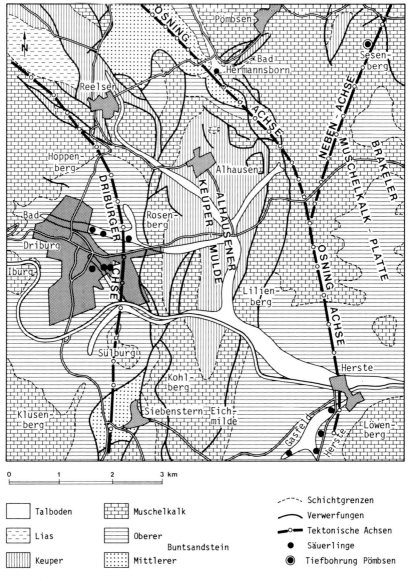

Abb. 4: Geologie des Driburger Raumes

(nach K. Fricke, 1961)

Legend:

- ☐ Talboden
- ▦ Muschelkalk
- ⌐ Lias
- ☰ Oberer Buntsandstein
- ‖‖ Keuper
- ⠇⠇ Mittlerer

- ⌇ Schichtgrenzen
- ⌒ Verwerfungen
- ⊷ Tektonische Achsen
- ● Säuerlinge
- ◉ Tiefbohrung Pömbsen

schichten zerrissen und gehoben wurden. Die Driburger Heilquellen gehören zu den Säuerlingen, d. h. es handelt sich um kohlensäurehaltige Wässer. Die Kohlensäure stammt von einem entgasenden Basaltmagma in größerer Tiefe. An Klüften steigt das Gas nach oben. Es mischt sich in der Regel mit Grundwasser und löst auf seiner Wanderung verschiedene Mineralien. Im Wölbungsbereich der Driburger Achse sammelt es sich vor allem im Speichergestein des Mittleren Buntsandsteins unter den verhältnismäßig dichten Deckschichten des Röt. Hier kann das Mineralwasser durch Bohrungen erschlossen werden. An Störungslinien steigt es auch selbständig als Quelle zutage. Die chemische Zusammensetzung der Säuerlinge hängt ab vom Mineralbestand der durchwanderten Gesteine. In Driburg überwiegen erdige und sulfatisch-eisenhaltige Säuerlinge, während Solequellen fehlen.

Neben den Mineralquellen gibt es auch ein trockenes Kohlensäurevorkommen, die „Große Mofette", die 1972 in 95 m Tiefe erbohrt wurde. Die Mineralquellen und die Mofette sind Grundlagen des Heilbades. Sie werden zu Trink- und Badekuren eingesetzt und auch teilweise versandt. Außerdem erhalten die Kurgäste noch Moorbäder und packungen. Der Badetorf stammt aus dem Saatzer Moor bei Herste und dem Hiller Moor (Niedersachsen).

Vom Kurbereich Bad Driburgs zurück zum Bahnübergang, dann auf der Brakeler Straße bis zur B 64. Weiterfahrt im Tal des Hilgenbachs nach Osten. Zwischen Steinberg und Düsenberg wird die Driburger Achse gequert. In der nördlichen Straßenböschung schräggestellte Muschelkalkschichten. Durch den lößbedeckten Südzipfel des Alhauser Talkessels führt der Exkursionsweg nahe der Einmündung des Hilgenbachs in die Aa durch eine weitere nord-süd-gerichtete Storungszone. Nördlich der Eichmilde am Ufer der Aa die schwefelhaltigen Torfe des Saatzer Moors, das seit dem vorigen Jahrhundert in Bad Driburg als Heilmittel genutzt wird, heute jedoch weitgehend abgebaut ist.

Im Rötausraum von Herste

(Schichtstufen mit Röt-Wellenkalk-Hügeln im Vorland; Mineralquellen und Mofetten auf der Osningachse).
Ca. 1,4 km vor Herste (alte Bundesstraße 64) an einem Feldkreuz nach rechts in einen Wirtschaftsweg; zunächst in westlicher Richtung, dann am Waldrand der Eichmilde nach Süden.
Auffällig sind in diesem Raum zahlreiche rundliche Hügel, die hier im Vorland der Eichmilde-Schichtstufe liegen. Diese Vorberge bestehen im Sockel aus Röt und tragen meist eine Wellenkalkkappe. Auf die Entstehung wird an einem späteren Standort nördlich Herste eingegangen.

5. Driburger Grafenquelle

Beim Erreichen der Straße Siebenstern-Herste wird in östlicher Richtung (ca. 300 m entfernt) unter einer Baumgruppe ein einzelnes Haus sichtbar, das durch kurze Fußwanderung erreicht wird. Es handelt sich um die Fassung der „Driburger Grafenquelle" (in Karten auch als „Herster Brunnen" bezeichnet). Diese sulfatische kohlensäurehaltige Bitterquelle ist an die „Osningachse" gebunden, eine weitere bedeutsame Störungslinie im östlichen Eggevorland. Das in geringerer Tiefe (5 m) erschlossene Mineralwasser wird in Bad Driburg zu Trinkkuren und als Versandbrunnen genutzt. In einer einfachen Hütte hinter dem Gebäude kann das Wasser aus einem Überlaufrohr geschöpft werden.

Weiterfahrt nach Herste. Am Ende der Siebensterner Straße in Richtung Schmechten abbiegen. Nach ca. 600 m rechts der Straße eine kleine Allee an der Brunnenfassung des Rommenhöller-Sprudels aus dem Jahre 1925 (Standort 5a). Die Mineralquelle wird zur Zeit nicht genutzt. – Weiter auf der Kreisstraße 19 bis Kilometerstein 1,2.

6. Metbrunnen

Im Tal des Hellebachs liegt die kleine Anlage des „Metbrunnens", aus dem man Mineralwasser pumpen kann. Dieser altbekannte Säuerling erlebte im 17. Jh. unter dem Paderborner Fürstbischof Ferdinand von Fürstenberg eine besondere Wertschätzung. Die heutige Anlage wurde 1966 gestaltet.

Zurück nach Herste. Gegenüber der Kirche in die „Dorfstraße" fahren, dann in die Straße „Am Brunnen". Hier befindet sich vor einem Lebensmittelgeschäft ebenfalls eine Quellfassung mit Handpumpe zum Schöpfen von Mineralwasser.

Alle Mineralwasservorkommen im Raum Herste sind an die „Kohlensäurelinie" der Osningachse gebunden, auf der auch die Heilquellen von Bad Meinberg und Bad Hermannsborn liegen.

Eine Besonderheit des Raumes Herste sind zudem zahlreiche Mofetten, die überwiegend durch Bohrungen im Herster Sattel der Osningachse und Osningnebenachse erschlossen wurden und durch die Firma Rommenhöller (Betriebsgebäude am Bahnhof) seit 1894 wirtschaftlich genutzt werden. Um Herste gibt es eines der produktivsten Kohlensäuregasfelder der Bundesrepublik Deutschland. Einzelheiten über Bohrungen und Gasmengen werden jedoch aus betrieblichen Gründen nicht publiziert. Die Produktion basiert heute auf Bohrungen im sog. Nordfeld (zwischen Herste und Pömbsen), während das früher genutzte Südfeld (zwischen Herste und Schmechten) stillgelegt wurde.

Fahrt durch die Rommenhöllerstraße bis zur Bahnunterführung, weiter in nördlicher Richtung über einen Wirtschaftsweg in das Vorland der Schichtstufe am Langekamp-Quadlenberg.

7. Röt-Wellenkalk-Hügel

Ähnlich wie an der Eichmilde befinden sich hier über 30 kegel- und schildförmige Erhebungen, die an der Basis überwiegend aus Röt bestehen und eine Wellenkalkkappe tragen. Vereinzelt gibt es auch reine Rötkegel. Die Vorberge liegen teilweise über 1 km vom Schichtstufenrand entfernt. Sie können als zeugenbergähnliche Reste der ehemaligen Muschelkalkdecke gedeutet werden. Die Wellenkalkdecke der Vorberge liegt jedoch niedriger als am Stufenrand des Langekamp. Die tiefere Lage kann durch tektonische Vorgänge im Bereich der Osningachse oder durch Karsterscheinungen verursacht sein. Durch diese Tieferlegung bestand ein gewisser Abtragungsschutz. Erst nach Ausräumung der Rötumgebung wurde die heutige Form der Hügel herausmodelliert. Altersmäßig

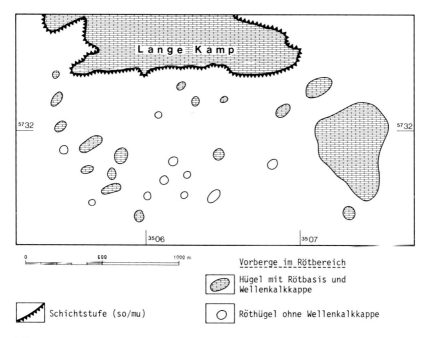

Vorberge im Rötbereich

Hügel mit Rötbasis und
Wellenkalkkappe

Röthügel ohne Wellenkalkkappe

Schichtstufe (so/mu)

Abb. 5: Kegel- und schildförmige Vorberge an der Lange-Kamp-Schichtstufe

werden die Vorberge mindestens dem Pleistozän, teilweise auch dem Tertiär zugeordnet (HEMPEL 1955, SCHUNKE 1968, S. 47).

Mit einem kleinen Bus bzw. Pkw kann auf asphaltiertem Feldweg weiter nach Norden gefahren werden bis zu einer Scheune in einem ehemaligen Abgrabungsgelände (vom Bahnübergang ca. 2,6 km Entfernung).

8. Kalktuffe im Escherbachtal

Hier quert der Weg einen Bach, der eine Sintertreppe aufgebaut hat. Die hohe Karbonathärte des Quellwassers (Einzugsbereich im Muschelkalk) bewirkt durch Verdunstungsvorgänge an der Außenluft eine Überkonzentration von Kalk, so daß an Steinen, Pflanzen etc. Kalk ausgeschieden wird, der im Laufe der Zeit Sinterkissen aufbauen kann. Leider wurde diese schützenwerte Naturschöpfung durch unsachgemäße Eingriffe (Einbau von Treppenstufen) teilweise zerstört Weitere Kalksinter gibt es auch an der Emde und nördlich Brakel („Muttergottes im Wasser").

Zwischen Herste und Bosseborn

(Flußtäler von Aa und Nethe, Erosionsrinnen um Erkeln, Hochflächen östlich Brakel.)

29

Zurück nach Herste, weiter über die B 64 im Tal der Aa nach Osten. Die Flußufer der Aa wurden durchgehend mit dicken Steinpackungen befestigt, so daß trotz des gewundenen Laufs keine Gleit- und Prallhänge mehr gebildet werden können. Heute ist die Aa daher nur noch als pseudo-naturnahes Fließgewässer zu bezeichnen. An wenigen Stellen sind zwischen Herste und Brakel durch Hochwasser frische Anschnitte am Ufer freigelegt worden. Hier können mächtige Auelehmdecken beobachtet werden. Nordwestlich von Istrup liegen an der Schichtstufe des Rieseler Berges wiederum einige typische Röt-Wellenkalk-Vorberge. Am Südrand des Brakeler Talkessels hinter Riesel Straßenkreuzung, nun auf der B 252 am Hang des Nethetals nach Süden bis Rheder. Vom Ortsanfang Rheder erreicht man in kurzer Fußwanderung den „Trompetersprung", einen Prallhang im Wellenkalk (Standort 8a).

In Rheder Abzweig in östlicher Richtung nach Erkeln. Kurz vor diesem Dorf zweigt rechts in spitzem Winkel ein Feldweg ab, auf den mehrere Erosionsrinnen ausgerichtet sind.

9. Erosionsrinnen

Zum Teil handelt es sich um steilwandige Schluchten, die besonders im Anfangsbereich gelegentlich über 10 m Tiefe erreichen (z. B. nördlich Hampenhäuser Berg). Im mittleren und unteren Abschnitt dieser Rinnen verzahnen sich Erosion und Akkumulation; die Kerbe geht hier vielfach in ein Kerb-Sohlental über. Die Erosionsschluchten um Erkeln liegen überwiegend im Löß und im Mittleren Muschelkalk. Sie sind teilweise aus Hohlwegen hervorgegangen und häufig mit Gebüsch bestanden. Das Alter der Erosionsrinnen kann nach Untersuchungen in vergleichbaren Räumen als holozän-subrezent angesprochen werden. In der intensiv genutzten Agrarlandschaft verkörpern die langgezogenen Hohlformen naturnahe Elemente. Es ist daher zu bedauern, daß viele dieser Rinnen mit Schutt aufgefüllt oder im Rahmen von Flurbereinigungsmaßnahmen beseitigt wurden.

Weiter im Nethetal abwärts über Beller-Hembsen. Hier Abzweig einer Straße nach Norden Richtung Bökendorf durch eine lößbedeckte Talung, in der früher an Hohlwegen großartige Schluchten ausgebildet waren, die inzwischen fast alle verfüllt wurden. Bei Erreichen der Straße Brakel–Bosseborn Abstecher nach links zur Modexer Warte.

10. Modexer Warte

Von diesem Turm der ehemaligen Brakeler Landwehr kann die Formenwelt der umgebenden Landschaft gut beobachtet werden: Plateauähnliche Flächen, Schichtstufen und Täler sind auffällige Reliefelemente.

Vom Wartturm nach Nordosten überwiegend durch Wald zum Hochflächendorf Bosseborn. In der Ortsmitte über die Herrenburgstraße zur Kirche.

11. Quelle in Bosseborn

Hier schüttet eine ausgebaute Quelle ganzjährig Wasser. Der Quellhorizont ist durch Tonzwischenlagen in den Ceratitenschichten des Oberen Muschelkalks bedingt. Im Einzugsbereich dieser Quellen liegen kluftreiche Sandsteine des Unteren Keupers.

Von Bosseborn über die Kreisstraße Richtung Höxter. Die Straße führt über die Ceratitenschichten (Oberer Muschelkalk) der Bosseborner Hochfläche. Bei km 1,6 Abzweig eines Feldweges nach rechts bis zu einem Modellflugplatz mit Clubhütte (hier Parkmöglichkeit).

Fußexkursion über die Doppelschichtstufe von Krekeler Berg und Ziegenberg (ca. 2½ Stunden)

Die Fußexkursion kann als Rundweg ausgeführt werden oder auch als Streckenwanderung bis zum Forsthaus Taubenborn am unteren Ziegenberghang. Der Rundweg weist auf dem letzten Stück einige steile Steigungen auf.

Vom Ausgangspunkt hat man einen zusammenfassenden Blick vom Krekeler Berg über die Stufenfläche des Ziegenbergs und dessen steilen Abfall zum Wesertal. Die Fußexkursion wird über die Doppelschichtstufe von Oberem Muschelkalk (Krekeler Berg) und Wellenkalk (Ziegenberg) hinwegführen.

Zuerst auf dem Feldweg zurück und über die Höhe 367 m zum Bismarckturm. Vom Weg bieten sich Fernblicke auf die Hochflächen im Westen und die tiefeingeschnittenen Täler im Norden. Im Hintergrund ist der gestufte Hang des Köterbergs sichtbar.

12. Bismarckturm

Der Blick vom Bismarckturm (Oberer Muschelkalk, -mo-) ermöglicht Panoramarundsichten, z. B. auf die nördlichen Stadtviertel von Höxter mit der Schichtstufe des Räuschenberges, das Wesertal und den Raum um Fürstenberg. Im Westen reicht der Blick über verschiedene Hochflächenbereiche des Brakeler Berglandes bis zur Egge. – Vom Krekeler Berg zunächst Wanderung bergab in südöstlicher Richtung entlang der durchgewachsenen Hecke auf der ehemaligen Landwehr. Die leicht geneigten Ackerflächen an diesem Teilstück des Wanderweges liegen im Mittleren Muschelkalk, der gegen Verwitterung weniger widerständig ist und daher den weicheren Sockelbildner der Krekeler-Berg-Stufe (mm/mo) bildet. Der Waldrand am Beginn des Schleifentals steht bereits auf der Stufenfläche des Wellenkalks, die zur nächsttieferen Schichtstufe überleitet. Der Wanderweg verläuft an der unteren Grenze der Ackerfläche entlang und biegt schließlich in rechtem Winkel mit dem Wanderzeichen x 16 in Richtung Ziegenberg ab.

13. Ziegenberg

Am Rande des tiefeingeschnittenen Schleifentals werden nach ca. 300 m die „Sachsengräben" erreicht. Diese langgestreckte Hohlform wurde jedoch nicht von Menschen geschaffen. Es handelt sich vielmehr um eine 10–20 m breite Zerrungsspalte, die durch Abrißvorgänge an der Ziegenbergkante entstanden ist. Der Weg an der Traufkante der Wellenkalk-Schichtstufe bietet Blicke auf die mit Klippen besetzten steilen oberen Hangpartien. Von einer Aussichtsplattform blickt man auf das Wesertal bei Godelheim mit zahlreichen Naßabgrabungen in der Niederterrasse. Nach Osten erkennt man jenseits der Weser bei Boffzen den allmählichen Anstieg von den lößbedeckten Terrassenflächen zum bewaldeten

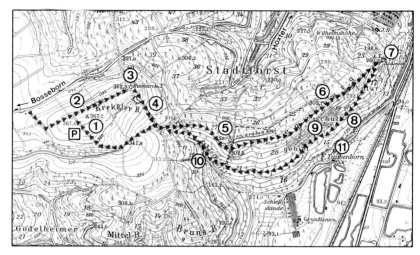

Kartengrundlage: TK 1:25 000, Blatt 4222 Höxter. Vervielfältigt mit Genehmigung des Landesvermessungsamtes Nordrhein-Westfalen vom 13. 2. 1985 Nr. 103/85.

① Standort ▶▶▶▶▶▶ Route

① Parkplatz auf der Bosseborne Hochfläche am Modellflugplatz. Blick auf die Doppelschichtstufe

② Fernblick nach Norden und Westen

③ Bismarckturm (Panoramablick)

④ Ackerflächen im Mittleren Muschelkalk

⑤ Abrißspalte „Sachsengräben"

⑥ Aussichtsplattform. Blick ins Wesertal (Abgrabungen)

⑦ Rodeneck Aussichtsturm

⑧ Abgerutschte Wellenkalkschollen

⑨ Felsen mit Schutthalden

⑩ Schleifental (steilhängiges Kerbtal)

⑪ Schuttquelle Taubenborn

Abb. 6: Wanderroute am Ziegenberg

32

Buntsandsteingewölbe des Sollings. Auffällig ist im Süden die markante Schichtstufe des Wildbergs bei Amelunxen. Weiter an der Kante des Ziegenbergs entlang. Da der in geringer Entfernung gelegene Rodeneckturm nur einen begrenzten Aussichtssektor hat und das letzte Wegstück bei nassem Boden schwierig zu begehen ist, wird empfohlen, ca. 150 m vor dem Turm in einen Waldweg einzubiegen, der diagonal am Ziegenberghang nach unten führt. (Auch vom Rodeneckturm gibt es einen entsprechenden Pfad, der später wieder auf diesen Weg einmündet.) Oberhalb der folgenden Strecke sind zunächst einzelne Felsen ausgebildet. Der Weg führt schließlich durch das Schutthaldengebiet unterhalb der Rabenklippen, die am Oberhang hohe Felsen bilden. Der gesamte Ziegenberghang ist in seinem Relief sehr unausgeglichen. Zahlreiche abgerutschte Wellenkalkschollen bilden auf halber Hanghöhe Rücken- und Wallformen. Es sind alte Bergrutschmassen, die vor allem durch Erosionsvorgänge in den Röttonen am unteren Ziegenberghang hervorgerufen wurden. Besonders unter den Bedingungen des Eiszeitklimas kam es hier zu Gleit- und Sturzvorgängen. Zudem ist dieser Teil des Ziegenbergs ein alter Prallhang der Weser. Der Bergfuß wurde durch den Fluß angeschnitten und steiler geböscht, so daß es infolge dieser Instabilität des Hanges zu Felsstürzen und Rutschungen kam. Von einer Wegegabelung unmittelbar an einer abgerutschten Wellenkalkscholle geht es bei mäßiger Steigung weiter nach Südosten bis zum tiefeingeschnittenen Schleifental. (Falls der Bus zum Forsthaus Taubenborn unterhalb des Ziegenberges vorgefahren ist, kann von hier bald der Halteplatz des Busses erreicht werden.) Der Rundweg führt am Schleifentalhang weiter aufwärts. Durch Wegebau ist eine abgerutschte Muschelkalkscholle angeschnitten. Die verstürzten Schichtpakete sind zu erkennen. Vor der steilhängigen Kerbe am oberen Talabschnitt zweigt rechts ein mit Wanderzeichen versehener Serpentinenpfad ab, der relativ steil neben dem von Felsen flankierten Kerbtal emporführt. Schließlich wird wieder der Wanderweg unterhalb des Krekeler Berges erreicht. Zunächst führt die Strecke an der Landwehr entlang bis zu einem Gittermast. Von hier kann auf dem Weg x 16 in kurzer Zeit der Ausgangspunkt erreicht werden.

Weiterfahrt von der Bosseborner Hochfläche nach Höxter. Über die südliche Stadtausfahrt (B 64/83) Richtung Godelheim.

14. Taubenbornquelle

Die Straße berührt nördlich Höxter den Ziegenberghang. Hier sind stellenweise die Rötschichten aufgeschlossen. Vor dem Bahnübergang Abstecher zur Taubenbornquelle (neben dem Forsthaus), die an den Stauhorizont zwischen Röt und Wellenkalk gebunden ist. Wegen des mächtigen Hangschutts gelangt das Wasser jedoch erst weit unterhalb der Schichtgrenze als Schuttquelle an die Oberfläche.

15. Naßabgrabungen

Vor Godelheim befinden sich zahlreiche Naßabgrabungen, in denen Sand und Kies aus der Niederterrasse gewonnen werden. Bei einem Halt an einer der Kiesgruben kann die Zusammensetzung der Schotter beobachtet werden. Es überwiegen stark gerundete Buntsandsteingerölle. Kieselschiefer, Quarze, Porphyre u. a. sind seltener vertreten. Die Gesteine spiegeln das Einzugsgebiet der Weser wider. Als Folgenutzung findet man an den ausgekiesten Baggerseen überwiegend Freizeitaktivitäten, z. B. Angeln, Surfen oder inoffizielles Baden. Eine ehemalige Abgrabung diente bis 1969 trotz Grundwassergefährdung als Müllkippe. Wegen der Dominanz von Freizeitnutzungen ist eine konsequente Gestaltung oder Renaturierung im Sinne des Naturschutzes (Biotopschutz) bis jetzt nicht gelungen. In einer neuen Konzeption soll die „Godelheimer Seenplatte" zu einer großen Freizeitanlage gestaltet werden.

Rückfahrt über Ottbergen (im Nachbarort Bruchhausen kohlensäurehaltige Mineralquelle und kleines Kurhaus) – Brakel – Bad Driburg nach Paderborn.

Literatur:

Ahrens, Dieter (1956): Die Landschaft von Bad Driburg und Umgebung. Göttinger Geogr. Abhandlungen H. 19 – Geogr. Inst. Göttingen.

Dienemann, Wilhelm und Karl Fricke (1961): Mineral- und Heilwässer. Peloide und Heilbäder in Niedersachsen und seinen Nachbargebieten. Göttingen–Hannover.

Hempel, Ludwig (1955): Studien über Verwitterung und Formenbildung im Muschelkalkgestein. Göttinger Georgr. Abhandlungen H. 18 – Geogr. Inst. der Univ. Göttingen.

Maasjost, Ludwig (1952): Das Eggegebirge. Landschaftsführer des Westf. Heimatbundes. Münster.

Maasjost, Ludwig (1966): Das Brakeler Bergland. Der Nethegau. Landschaftsführer des Westf. Heimatbundes Münster.

Maasjost, Ludwig (1973): Südöstliches Westfalen. Sammlung geographischer Führer, Bd. 9. Berlin, Stuttgart.

Meisel, Sofie (1959): Die naturräumlichen Einheiten auf Blatt 98 Detmold (Geogr. Landesaufnahme 1:200 000. Naturräuml. Gliederung von Deutschland). Remagen.

Müller-Wille, Wilhelm (1966): Bodenplastik und Naturräume Westfalens. Spieker, Landeskundliche Beiträge und Berichte, H. 14. Münster.

Schunke, Ekkehard (1968): Die Schichtstufenhänge im Leine-Weser-Bergland in Abhängigkeit vom geologischen Bau und Klima. Göttinger Geogr. Abhandlungen, H. 43 – Geogr. Inst. der Univ. Göttingen.

Stadt Bad Driburg (Hrsg.) (1966): Bad Driburg, Landschaft, Geschichte, Volkstum. Paderborn.

Paderborner Hochfläche/Egge:

VOM WESTLICHEN EGGELÄNGSTAL NACH KIRCHBORCHEN – DIE BÖDEN IM BEREICH DES ELLERBACHTALES

Hans Mertens

Exkursionsverlauf

Halbtägige Busexkursion ca. 50 km von und bis Paderborn mit einer einstündigen Fußwanderung durch das untere Ellerbachtal.

Karten

TK 1:50 000 (Hrsg.: LVA NW) Blatt L 4318 Paderborn, Bodenkarte Nordrhein-Westfalen 1:50 000 (Hrsg.: Geologisches Landesamt NW) Blatt L 4318 Paderborn.

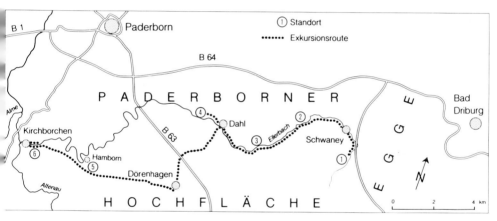

Abb. 1: Routenskizze

Einleitung

Bei der Übersichtskartierung des Blattes Paderborn L 4318 für die bodenkundliche Landesaufnahme 1:50 000 im Eggegebirge und auf der Paderborner Hochfläche (MERTENS 1979) wurden auch die Böden des Ellerbachtales erkundet. Vorliegende Geländeaufnahmen der Waldböden im Staatsforst Neuenheerse (DAHM & MÜLLER 1956) sind, soweit erforderlich, mitberücksichtigt.

Die Bodenverhältnisse im Ellerbachgebiet können übersichtsmäßig anhand des oben genannten Kartenblatts studiert werden. In der Kartenlegende sind die ausgeschiedenen Bodeneinheiten relativ ausführlich beschrieben. Dennoch können solche stichwortartigen Angaben die Erläuterungshefte, auf die bei der Herausgabe der BK 50 NW verzichtet wird, nicht ersetzen. Ebensowenig kann die kartierte Bodenvielfalt durch die maßstabsbedingte begrenzte Zahl der Bodeneinheiten erfaßt werden. Bei der hier vorgenommenen Beschreibung der Böden des genannten Gebiets wird deshalb auf ergänzende Geländebeobachtungen und den Inhalt der Feldkarten zurückgegriffen. Generell werden die Böden der Talsohlen, Talrandflächen und Talhänge behandelt. Ferner ist geboten, räumlich weiter auszuholen und auf die Deckschichten sowie die Boden- und Verwitterungsbildungen der Gebirgs- und Plateaulagen einzugehen, da sie im Einzugsbereich der Wasserläufe liegen und an der Zusammensetzung der steinig-lehmigen Lockermassen der Täler und anderer Hohlformen entscheidend beteiligt sind. Desgleichen darf der Sektor der landwirtschaftlichen Nutzung und Bewertung nicht ganz unbeachtet bleiben.

Die Bodeneinheiten sind nach ihren charakteristischen Bodentypen benannt (MERTENS 1973), die ihrerseits am meisten von den Bildungsfaktoren Ausgangsgestein, Relief und Wasser geprägt sind. Auf dieser Grundlage wird das Talsystem der Eller vierfach in einen oberen, mittleren und unteren Abschnitt sowie in den Mündungsabschnitt gegliedert.

Routenbeschreibung

Oberer Talabschnitt

Von Schwaney Richtung Neuenheerse bis zum Forsthaus Schwaney

1. Forsthaus Schwaney im Eggelängstal

Der oberste Talbereich ist im westlichen Eggelängstal angelegt, das die Paderborner Hochfläche (Cenomankalke und -mergel der Oberkreide) vom Eggegebirge (Gaultsandstein der Unterkreide) trennt. Sein Verlauf wird durch die Orte Buke, Schwaney und Herbram gekennzeichnet.

Der Anfang des Talsystems liegt nördlich der Siedlung Emderwald zwischen Herbram und Schwaney und ist durch eine kleine Wasserscheide markiert. Nach Süden entwässert ein Graben in die weite Mulde von Emderwald, nach Norden fließt das Wasser in einer teilweise von Böschungen eingefaßten schmalen Rinne ab, die von einem Talboden begleitet ist. Dieser weist nur ein geringes Gefälle auf, er verbreitert sich zu einer flachen Wanne, um sich beim ehemaligen Forsthaus Schwaney in zwei kleinere Talzüge aufzuteilen, die einen Sandsteinrücken umschließen. Nach Vereinigung beider Talrinnen zum größeren Haupttal nimmt dieses im Ort Schwaney ein von Norden aus Richtung Buke kommendes größeres Nebental, eine Art zweites Haupttal, auf. Beide Täler sind vorherrschend als Muldentäler (VOGELSANG 1974) geformt. In diesen nordsüdlich gerichteten Haupttalzug münden mehrere von der Egge kommende Quertäler ein, ausgebildet als Kerbtäler und Dellen.

Die in das Festgestein eingeschnittenen pleistozänen Täler sind in ihren tiefsten Lagen mit Lockermassen von wechselnder Zusammensetzung, Schichtung und Mächtigkeit ausgefüllt. In der Regel überzieht eine 0,6–1,5 m starke

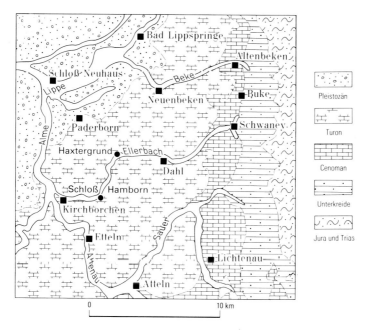

Abb. 2: Lage des Ellerbachtals im Raum (vereinfachter geologischer Überblick)

Deckschicht aus holozänen lehmigen Abschwemmassen den Gesteinsschutt und die Schotter des nahen Untergrunds. Die Feinsubstanz der Deckschichten besteht aus lehmigem Schluff, schluffigem Lehm und sandigem bis tonigem Lehm. Stellenweise sind moorige Bildungen vertreten.

Der Faktor Grundwasser hat die mineralischen und organogenen Böden geprägt, was in der typologischen Einstufung als Normalgley, Naßgley, Moorgley und Niedermoor zum Ausdruck kommt. Dementsprechend betragen die Grundwasserstände in der Vegetationszeit 0,4–0,8 m beziehungsweise 0–0,4 m. Der CaO-Gehalt des Grundwassers schwankt im Bereich des carbonatfreien Eggesandsteins um 20 mg/l (DAHM & MÜLLER 1956), während er im Verbreitungsgebiet der Plänerkalke und Kalkmergel auf das Zehnfache dieses Mittelwertes ansteigen kann.

Die Wald- und Grünlandnutzung der *Grundwasserböden* des oberen Talabschnitts – und damit die Sicherung eines Stücks erhaltenswerter Natur – scheint gewährleistet, zumal der Ertragswert der landwirtschaftlichen Nutzflächen gering bis mittel einzuschätzen ist.

Im westlichen Längstal kommen in schwach geneigten, abtragungsgeschützten Lagen der Täler und Senken periglaziale Fließerden vor. Ein großes Vorkommen gibt die Bodenkarte für das Gebiet zwischen Emderwald und Schwaney wieder, ein kleineres für die Mulde südlich des Bahnhofs Buke. Es haben sich aus dem meist zweischichtig aufgebauten Substrat unter dem Einfluß von Staunässe *Pseudogleye* gebildet. Bei der 0,5–0,8 m mächtigen Deckschicht aus schluffigem Lehm handelt es sich um mehr oder weniger umgelagerten Lößlehm der Weichselkaltzeit, der unterlagernde Bodenkörper ist wechselhafter aus Sand, Schluff, Lehm und Ton, mit steinigen Beimengen, zusammengesetzt. DAHM (1958) hat sich näher mit diesen Frostbodenbildungen befaßt und als ältesten Bestandteil Reste der weißlehmartigen Verwitterungsdecke des Tertiärs ermittelt, die infolge hohen Tonanteils und starker Dichtlagerung im wesentlichen den Wasserstau bewirken. Es wurden daneben Einknetungen von Lößmaterial nachgewiesen.

Die Pseudogleye werden forstwirtschaftlich oder als Grünland genutzt und erfüllen mit ihrer Speicherkraft eine unabdingbare Funktion für den gleichmäßigen Abfluß des Bachwassers. Dränung zur Umwandlung von Grasland in Ackerland, mag sie auch betriebswirtschaftlich gerechtfertigt sein, schadet diesem natürlichen hydrologischen Ausgleichssystem und sollte unterbleiben.

Das Relief der Talhänge ist unübersehbar durch Trockentälchen geprägt. Diese langgestreckten Hohlformen setzen mit schwach eingesenkten Anfangsmulden am Plateaurand der Paderborner Hochfläche oder darüber hinausgreifend ein. Mit zunehmender Reliefenergie in Ober- und Mittelhangbereichen verengt sich gewöhnlich der Talquerschnitt (der Beginn ist häufig durch einen Geländeknick angedeutet), um sich beim Übertritt in die Unterhangflächen wieder auszuweiten und oft ohne Konturen in die Hangfußflächen überzugehen. Diese beschriebene Ausformung mag unter anderem gesteinsbedingt sein, denn beispielsweise haben mehrere aus dem Gaultsandsteingebiet herabziehende, scharf eingeschnittene schmale Trockentälchen ihre gleichmäßige Ausformung vom Talanfang bis zur Einmündung in das Haupttal bewahrt.

Regelmäßig sind die Trockentäler in wechselnder Mächtigkeit von umgelagertem Lößlehm ausgekleidet, der zur Tiefe mit klein- und grobstückigen Steinen durchsetzt ist und teilweise in tonigen Lehm übergeht. Die Ausfüllungen dieser Tälchen können mehrere Meter mächtig sein.

Diese braungefärbten Bodensedimente werden als *Kolluvium* bezeichnet und weisen infolge ihres jungen Alters noch keine eigenständige genetische Differenzierung auf. Für ihre Herkunft aus Krumenmaterial beackerter Lößböden sprechen Humusanreicherungen in oberen Profilteilen. Solche humosen Beimengungen fehlen bezeichnenderweise in den Waldgebieten der Egge. Der Einfluß von Hang- und Stauwasser in unteren Profilbereichen, ersichtlich aus fleckigen Verfärbungen, tritt stark zurück und wird lediglich registriert, bei der Ausgrenzung der Bodeneinheiten indessen nicht berücksichtigt.

Fest- und Lockergesteine bilden das Ausgangsmaterial der außerhalb der Täler vorkommenden *grundwasserfreien Böden des Eggegebirges*. Der rötliche Gaultsandstein zerfällt lehmig-sandig und sandig und enthält in seiner Zersatzzone kleine und größere Gesteinsbrocken. Diese in der Regel aufgelockerte Verwitterungsschicht ist auf der westlich gerichteten flachen Gebirgsabdachung von einer 0,4–0,8 m starken Deckschicht aus „leichtem Lößlehm" überzogen. Dieses äolische Sediment ist insgesamt etwas tonärmer als der Normallöß auf der Paderborner Hochfläche und in benachbarten Bördelandschaften und korngrößenmäßig ungleichmäßiger zusammengesetzt; bei rötlichem Farbton enthält es teilweise größere Anteile der Sandfraktion. Inwieweit Lößlehmvorkommen des Eggegebirges in die Reihe der carbonatarmen oder -freien Lokallösse beziehungsweise Staublehme der deutschen Mittelgebirge zu stellen und ihre Böden als saure Lockerbraunerden aufzufassen sind, müßte näher untersucht werden. Daß sich in der Jüngeren Dryaszeit verwehter feiner Staub (SCHÖNHALS 1960, STÖHR 1963), etwa des Sandstein- und Hottensteinschutts, im Eggegebirge und in seiner Umgebung abgelagert hat, ist immerhin vorstellbar.

Die aus Lößlehm hervorgegangenen Braunerden sind in der Einheit B3₄ der Bodenkarte 1:50 000 beschrieben. Braunerden haben sich auch auf den langgezogenen kuppigen Bergrücken und steileren Hängen (pB5) entwickelt, wo der Lößlehm fehlt oder nur oberflächlich dem Sandsteinverwitterungsmaterial beigemengt ist. Dann freilich wirken sich geringe Kationen-Austauschkapazität und mangelnder Basengehalt, speziell unter der Rohhumusauflage alter Nadelholzbestände, abträglich auf Bodeneigenschaften und -entwicklung aus. Die Podsolierung gewinnt an Gewicht, und neben Podsol-Braunerden bestimmen Braunerde-Podsole und Podsole (P8₂) das bodentypologische Bild. Im Gegensatz zum verfestigten Ortsteinhorizont westfälischer Sandgebiete ist der vergleichbare Horizont der Podsole aus Gault- und Neokomsandstein unverfestigt – als Orterde – ausgebildet.

Soweit von Westen die landwirtschaftliche Nutzung in die Waldlandschaft vorgedrungen ist, wurden ackerwürdige Lößlehmböden ausgewählt. Die Bodenschätzung bedachte diese Flächen mit Ackerzahlen um 40.

Weiterfahrt durch Schwaney Richtung Paderborn bis zum Hof Ellermeier, ca. 1 km unterhalb Schwaney.

Der verdienstvolle Schwaneyer Heimatforscher KÜTING schreibt (1963) anschaulich: „Alle Wasserläufe, die von Norden, Osten und Süden ins Dorf einfallen, recht vielläufig und verwinkelt die Ortslage aufteilen und an allen Ecken und Enden die Abflüsse der Quellen aufnehmen, vereinigen sich unmittelbar unter der alten Mühle zu einem einzigen Flüßchen, der Eller, dem Erlenbach. . . . An Wasser fehlte es wirklich nicht im Dorfe. Aber keine Quelle, kein Spring, kein künstlicher Brunnen, kein Saut, keine Pumpe und kein Bach lieferte einwandfreies Wasser."

2. Hof Ellermeier im oberen Ellerbachtal

Abwärts Schwaney durchströmt der Ellerbach als einziger Hauptvorfluter auf kurzer Strecke ein breitsohliges Kastental bis zum Hof Ellermeier, von wo an das Bachwasser in vielen Schlucklöchern versickert und wo der obere Talabschnitt endet. Mit Erreichen des Karstgebirges der Paderborner Hochfläche setzen außerdem die seitlichen Zuflüsse aus, wenngleich hauptsächlich von Norden mehrere Talkerben und Dellen in das Haupttal einmünden.

Wo heute im Ellerbachtal die Schwaneyer Kläranlage steht, war 1975 in einer Baugrube das Profil eines Normalgleys aufgeschlossen (TK 25 Bl. 4219 Altenbeken, R 94 610, H 31 260). Der lehmig-schluffige Feinboden aus Schwemmlöß war von einer Torflage unterlagert, die ihrerseits Schichten aus lehmigem Sand, Sandsteinschottern und – zum Abschluß – einen sandig-lehmigen Frostwander-

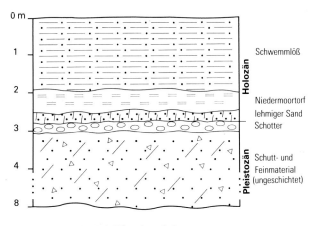

**Abb. 3: Aufschluß Kläranlage Schwaney;
8 m mächtige Talsedimente über
Kalkgestein (Oberkreide)**

schutt aus Kalksteinen und Hottensteinen überdeckte. Nach dem pollenfloristischen Befund (1976) von H.-W. Rehagen, Geologisches Landesamt NW, Krefeld, fällt der Beginn der Sedimentation des lehmig-schluffigen Materials über der Torfschicht (mit einem datierbaren Pollenspektrum) in das 11. bis 12. nachchristliche Jahrhundert. Demzufolge hat sich schätzungsweise in knapp tausend Jahren eine Schwemmlößdecke von 2 m Mächtigkeit abgelagert. Auslösendes Moment der hierfür verantwortlichen starken Erosion sind bekanntlich die mittelalterlichen Rodungen gewesen. Der angetroffene Frostwanderschuttkörper reichte nach Aussage von Angehörigen der Baufirma bis in 8 m Tiefe. Derartige Talfüllungen waren auch 1982 beim Bau des Hochwasserrückhaltebeckens Husen sowohl in der Talaue der Altenau als auch in Unterhanglagen aufgeschlossen. Auffällig war jedesmal der hohe Anteil an Hottensteinen.

Im Bereich der Paderborner Hochfläche beiderseits des Ellerbachtales verwittern und entkalken die Kalksteine und Mergel des Cenomans (kc2 und kc3 der geologischen Karte) zu sogenanntem Kalksteinverwitterungslehm, den deckenartig angehäuften Lösungsrückständen (Residualtone) dieser Gesteine. In der Schwaneyer Feldflur wie auch allgemein im Kartengebiet L 4318 Paderborn sind diese Deckschichten, oft mit Grus und Steinen durchmengt, in einer Mächtigkeit von 0,2–0,5 m vertreten.

Das schließt größere Mächtigkeiten von durchschnittlich 0,6–1,0 m in anderen Teilen der Paderborner Hochfläche nicht aus. Altersmäßig sind sie ins Pleistozän zu stellen. Denn es ist zu bedenken, daß nach WERNER (1958) eine 1 cm starke Lage von Kalksteinverwitterungslehm unter derzeitigen Klimaverhältnissen zu ihrer Entstehung einen Zeitraum von ungefähr 3000 Jahren benötigt.

Für den äußeren östlichen Rand der Paderborner Hochfläche im Raum Schwaney gibt das Blatt C 4318 Paderborn der GK 100 NW unter dem Symbol kc1 Mergel und Kalkstein an. In diesem Bereich sind vorzugsweise in Plateaulagen und aufgeteilt auf sechs Einzelvorkommen Hottensteinschlufflehmdecken (v. ZEZSCHWITZ 1967) verbreitet. Die Zusammensetzung dieser dort bis zu 2,0 m mächtigen Deckschichten wird von den Verwitterungs- und Auslaugungsprodukten der Mergelkalksteine bestimmt. Die Feinsubstanz liegt als Gemenge von schluffigen, schluffig-lehmigen und schluffig-tonigen Bestandteilen vor, in die als Bodenskelett die namengebenden bimssteinähnlichen Gesteinsstücke (mit kieseligem Gerüst) eingebettet sind. Den oberen Abschluß bildet meist eine geringmächtige steinarme bis steinfreie Schicht aus schluffigem Lehm, sicherlich zu größeren Anteilen aus Lößlehm hervorgegangen.

Von den letztkaltzeitlichen Lößüberwehungen der Paderborner Hochfläche sind im Schwaneyer Gebiet durchaus nennenswerte flächenhafte Reste, zu kalkfreiem Lößlehm umgewandelt und meist Kalksteinverwitterungslehm überdeckend, erhalten geblieben. Hinweise auf unverwitterten Primärlöß wurden bislang nur an zwei Stellen und jedesmal an der Basis von mehrere Meter mächtigen Muldenauskleidungen gefunden, 1975 in Kirchborchen (TK 25 Bl. 4318 Etteln, R 81 395, H 26 410) und 1984 in Husen (TK 25 Bl. 4419 Kleinenberg, R 89 210, H 16 940). Die Korngrößenbestimmung ergab einen kalkhaltigen lehmigen Schluff.

Umlagerungs- und Abtragungsvorgängen, wie sie in Form der periglazialen Solifluktion und Denudation die „alten Decken" der Kalksteinverwitterungs- und Hottensteinlehme im Pleistozän betroffen haben, waren in Form der Erosion und Akkumulation die „jungen Decken" der weichselzeitlichen Lösse im Holozän ausgesetzt. Durch hohen Schluffanteil prädestiniert, sind mächtige Lößmassen bewegt und wohlausgebildete Bodentypen, zum Beispiel Parabraunerden, abgeräumt oder überdeckt worden. Hierzu mehrere Belege:

0,5 m Auflage aus umgelagertem Lößlehm über Horizont mit „schwarzem Lehm", darunter Parabraunerde, TK 25 Bl. 4418 Fürstenberg, R 79 610, H 11 350, ausgefüllte kleine Einmuldung in Plateaulage;
1,45 m Auflage aus umgelagertem Lößlehm über Kulturschicht, ^{14}C-Altersdatierung um 1400 n. Chr., darunter mehr als 4,5 m starke Wechselfolge von schluffigem und schluffig-tonigem Lehm, TK 25 Bl. 4318 Etteln, R 83 190, H. 21 295, Hanglage;
1,0 m Auflage aus umlagertem Lößlehm über Humushorizont eines Kolluviums, ^{14}C-Altersdatierung um 400 n. Chr., TK 25 Bl. 4418 Fürstenberg, R 81 370, H 13 200, Trockental.

Die aus den meist deckenförmigen Verwitterungslehmen hervorgegangenen *Braunerden der Paderborner Hochfläche* sollen anschließend gemeinsam betrachtet werden. Sie sind in der Bodenkarte in den drei Einheiten B2$_2$, B3$_1$ und B3$_3$ aufgeführt.

Diese typologische Einordnung berücksichtigt nicht den reliktischen und fossilen Paläoboden-Charakter der Bildungen aus Hottenstein- und Kalksteinverwitterungslehmen, letztere überwiegend mit Terra-fusca-Vergangenheit. Hierzu wird auf die Arbeiten von v. ZEZSCHWITZ (1967, 1970, 1980, 1982) verwiesen, der sich aufgrund von Waldbodenkartierungen, vertieft durch einschlägige Literatur und Laborbefunde, um Antwort auf diese speziellen Fragen bemüht.

In den hottensteinhaltigen Braunerden des Schwaney-Buker-Gebietes sind mehr tonige Anteile vorhanden als in vergleichbaren Bildungen in südlicheren Teilen der Paderborner Hochfläche (MERTENS 1966, 1967). So überrascht es nicht, wenn die verschiedentlich feststellbare Pseudovergleyung reale Auswirkungen als Staunässe hat. Örtlich haben sich im Bereich einzelner Quickspringe (temporäre Quellen) echte Pseudogleye mit zeitweilig starker Vernässung gebildet.

Die Braunerden aus Kalksteinverwitterungslehm können nach der Farbe des B-Horizonts grob in eine homogene dunkelbraune und eine gefleckte gelbbraune bis gelbgraue Varietät, diese mit geringer Staunässe, eingeteilt werden. In erosionsgeschützter Plateaulage, beispielsweise zwischen Busch und Ebbinghausen, ist der gelbbraune tonreiche Fleckungshorizont von einem geringmächtigen Saum tonärmeren Schlufflehms (Lößlehm oder/und Tonverarmungszone durch Lessivierung) überdeckt, der zuunterst durch gestautes Niederschlagswasser ausgebleicht ist. Wenngleich insoweit die Merkmale eines Pseudogleys gegeben sind, steht die geringe aktuelle Staunässe damit nicht in Einklang. Das beschriebene Profilbild hat sich unter Wald besser erhalten als auf Ackerland, wo der Pflug die Horizontierung im oberen Solum zerstört hat.

Sobald der Lößlehm über die lückenhafte, schleierartige Verbreitung hinausgehend sich zu Decken zusammenschließt, lassen sich in Plateaumulden, an schwach bis mäßig geneigten Hängen und auf Hangflußflächen bei der Kartierung 0,5–1,5 m mächtige Braunerden ausgrenzen. Gelegentlich zu verzeichnende Staunässe wird durch lehmig-tonige Staukörper im tieferen Unterboden verursacht. Akkumulation von hangabwärts verlagertem Krumenmaterial und biogene Durchmischung haben in altkultivierten Ackerböden den humushaltigen Oberboden vertieft. Häufig stellen solche Braunerden Übergangsformen zum Kolluvium dar. In diesem Zusammenhang sei angemerkt, daß sich die bodenkundliche Kartierpraxis viel zu sehr daran gewöhnt hat, Kolluvien fast ausschließlich in Trockentälern auszuweisen.

Anhand der Ackerzahlen der Bodenschätzung ergibt sich für die beschriebenen Braunerden in der Schwaneyer Feldflur folgende Rangordnung:
Böden aus Lößlehm mit Wertzahlen um 45,
Böden aus Hottensteinschlufflehm mit Wertzahlen um 40,
Böden aus Kalksteinverwitterungslehm mit Wertzahlen um 35.

Mittlerer Talabschnitt

Weiterfahrt bis zur Obermühle, ca. 1 km oberhalb Dahl

3. Obermühle im mittleren Ellerbachtal

Der mittlere Talabschnitt, der sich vom Hof Ellermeier bis zur Talbrücke am Haxtergrund (B 68) erstreckt, verläuft bis zur Obermühle in südwestlicher Richtung und biegt dort nach Westen um.

In schwach ausgeprägten Windungen hält das Kastental mit steilen Süd- und flacheren Nordhängen in etwa die westliche Hauptrichtung bis zur Grenze dieses Abschnitts an der Haxtertalbrücke bei. Nachdem auf der Linie Brocksberg–Urenberg die Cenomanschichten abtauchen, ist jetzt das Tal in die Kalksteine und Mergelkalksteine des Turons (kt1 bis kt4) eingeschnitten. Das Bachbett liegt die meiste Zeit des Jahres trocken und füllt sich nur bei starkem Wasserangebot durch Schneeschmelze und schwere Regenfälle (temporärer Wasserlauf). In einer Talweitung, der einzigen ihrer Art, treten in Urenberg die Hänge zurück. Möglicherweise ist dort weiches Mergelgestein ausgeräumt worden.

An der Straße Schwaney–Dahl war 1975 kurz vor dem Waldgebiet des Urenbergs mehrere Meter über dem heutigen Talgrund durch Straßenbauarbeiten die schmale Leiste eines älteren Talbodens angeschnitten. Ein vergleichbares zweites Vorkommen dieser Niederterrassenschotter fand sich in einer Böschung beim Kirchborchener Sägewerk.

In 80–130 m Breite erstreckt sich die *Talsohle mit Kolluvien* aus braunem Umlagerungsmaterial. Profilmorphologisch stimmen sie weitgehend mit den Braunen Auenböden überein. Sie können indessen nicht zu diesen Bildungen gerechnet werden, da das wichtige Kriterium der Beeinflussung durch stark schwankendes Grundwasser fehlt. Gelegentliches Hochwasser erfaßt nur tiefer angelegte Abflußbahnen, und mit Anlandungen der fruchtbarkeitsfördernden feinen Sinkstoffe in der Talaue kann kaum noch gerechnet werden. Um sich von der einstigen Wirksamkeit dieser Prozesse eine Vorstellung zu machen, bedarf es nur des Hinweises auf die 1,0–2,0 m mächtige Schicht der holozänen Tallehme über den pleistozänen Schottern und sandig-lehmigen Gesteinsschuttmassen. Das angespülte Krumenmaterial hat den oberen Bereich des Solums durch seinen Humusgehalt (0,6–1,5 %) in typischer Weise dunkelgraubraun gefärbt. Bei einer möglichen Zweischichtigkeit von Umlagerungsmaterial aus Lößlehm und Kalksteinverwitterungslehm nimmt das letztgenannte tonreichere Sediment meist den unteren Teil der Bodendecke ein. Die ebenen Talböden verfügen über ein günstiges Korngrößenverhältnis von überwiegend Schluff- und wenig Tonteilchen und geringen sandigen Beimengungen, das krümelig-subpolyedrische Gefüge gewährleistet einen guten Luft- und Wasserhaushalt. Weiterhin verstärken die zugeführten Humuskolloide das Nährstoffbindungsvermögen der Tonsubstanz. Freies Calciumcarbonat ist, etwas unerwartet, nur stellenweise nachzuweisen und an keinen bestimmten Profilbereich gebunden.

Weiter Richtung Paderborn bis ca. 1 km hinter Dahl.

4. Blick in das mittlere Ellerbachtal westlich Dahl

Der wirtschaftliche Zwang zur Ausweitung des Ackerbaus hat auch vor dem Dauergrünland dieses Talabschnitts nicht haltgemacht. Das Verhältnis Ackerland:Grünland ist längst zugunsten des ersteren verschoben. Bei Wertzahlen der Bodenschätzung von 50–60, wie sie im dortigen Raum zur Spitze gehören, sind dementsprechend Spitzenorträge dem Landwirt vertraut.

Auch die meist senkrecht, auf kürzestem Wege dem Haupttal zustrebenden (trockenen) *Hangtälchen* enthalten, über der Schuttfüllung an der Basis, aus umgelagertem Lößlehm hervorgegangene *Kolluvien*. Die Nutzung dieser schmalen, hängigen Flächen mit zuweilen unruhigem Kleinrelief geschieht vielfach durch Einbeziehung in die angrenzenden flacheren Ackerschläge. Beackerung der Hangtälchen führt zu ihrer verstärkten Bodenerosion, und davor sollte man sie durch Wald- oder Grünlandbewirtschaftung schützen. Diese hangabwärts ziehenden Dellen und Kerben sind kaltzeitlich angelegt. Die Hauptformung erfolgte wahrscheinlich im Weichselglazial, und zwar in der feuchtkalten Frühphase, als die starke Abspülung die Tieferlegung besonders förderte (ROHDENBURG 1965).

Die *Braunerden* aus Lößlehm nehmen in wechselnder Breite die Unterhänge beiderseits des Ellerbachs fast geschlossen bis Langenacker ein, um von dort an mehr zugunsten der ebenfalls schon erläuterten Braunerden aus Kalksteinverwitterungslehm (Tongehalte im B-Horizont 35–60 %) zurückzutreten. Wo in Hanglage keine Lößlehmschicht erhalten geblieben ist, dehnen diese oft steinigen schweren Lehmböden vom Plateau her ihr Verbreitungsgebiet über den oberen Talhang hinaus bis nahe an die Talsohle aus.

Auf den Naturfreund macht die recht eintönige Ackerbaulandschaft des mittleren Talabschnitts, ohne das durchgehende auflockernde Band des bachbettnahen Dauergrünlands, keinen einladenden Eindruck. Es sind die ackerfeindlichen Steilhänge mit den Rendzinen, die den Wäldchen, Gebüschen und Hutungen eine Überlebenschance und dem Auge eine Abwechslung bieten.

Nach MAASJOST (1962) sind „besonders typisch an den sonnenbeschienenen Hängen die Kalktrockenrasen. Sie werden oft von Gesteinsleisten durchsetzt, auf denen felsliebende, xerophile Pflanzen wachsen. An vielen Steilhängen breiten sich Schlehen-Weißdorn-Gebüsche und kalkliebende Bodenpflanzen aus."

Aber auch in kuppigen Lagen und im ebenen Gelände mit hochanstehendem Kalk- und Mergelgestein sind diese meist flachgründigen, von weißen Kalkscherben durchsetzten Humuskarbonatböden (MAASJOST 1962) verbreitet. Gleichwohl haben nach den Kartierergebnissen der Bodenkundler des Geologischen Landesamts NW die Rendzinen bei weitem nicht die beherrschende Stellung unter den grundwasserfreien Böden der Paderborner Hochfläche, wie früher – mehr nach dem Augenschein – angenommen wurde.

Auf den dunkelbraunen bis schwarzbraunen humosen Oberboden der *Rendzina* folgt unmittelbar Gesteinsschutt oder unverwittertes Gestein (A-C-Boden). Ob als Kalkstein- oder Mergelrendzina ausgebildet, der lehmige bis tonige A-Horizont enthält in jedem Fall Calciumcarbonat, das ein hochwertiges, stabiles Krümelgefüge hervorruft und zur Humusform Mull beiträgt. Leider ist in der dünnen Bodenschicht der Speicherraum für Niederschlagswasser nicht ergiebig genug, um in der Vegetationszeit den Kulturpflanzen eine gesicherte Wasserversorgung zu ermöglichen. Die flächenmäßig beherrschenden Braunerden der Einheit B2$_2$ werden im regellosen Wechsel von flachgründigen Rendzinen unterbrochen, mit denen sie bei ackerbaulicher Nutzung zwangsläufig zu Wirtschaftseinheiten zusammengefaßt sind. So können Wachstum und Ernte eines einheitlich bestellten Feldstücks je nach Witterungsgang recht uneinheitlich ausfallen.

Echte Tonböden sind aus Mergelgestein entwickelt. Obwohl die Mergelrendzinen steinarm oder steinfrei sind, sollte man diese Stundenböden einzig als Wald oder Grünland nutzen.

In Baugruben für Pfeiler der Talbrücke über den Haxtergrund wurde 1978 die Abfolge von sechs Bodenprofilen untersucht. Es bestätigte sich insgesamt der vorhandene Wissensstand über Ausprägung und Vergesellschaftung der Böden

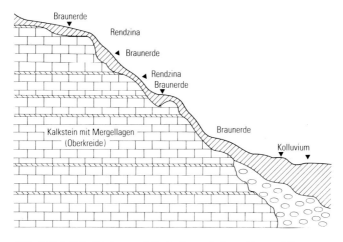

Abb. 4: Talbrücke Haxtergrund; Bodentypen (aufgeschlossen ▼) in Hang- und Tallage

auf der Paderborner Hochfläche, diesmal auf einem ungefähr 150 m langen Hangstück. Nicht alle flachgründigen (0,1–0,3 m) Böden sind als Rendzina entwickelt. Zwischen A- und C-Horizont ist mitunter ein kalkfreier B-Horizont eingeschaltet, der die stattgehabte Braunerdeentwicklung belegt. Calciumcarbonat im darüberliegenden A-Horizont erklärt sich unschwer aus dem Staubniederschlag der Zementindustrie (vgl. BUTZKE 1968). Eine nur 15 m breite Hangverflachung hatte, die Rendzina unterbrechend, zur Ausbildung einer Braunerde in einer bis zu 0,8 m tiefen Ablagerung aus lehmigem Ton genügt. Mehrere holozäne Sedimentationsphasen waren auf der leicht erhöhten Randfläche der Talsohle in einer Wechsellagerung von schluffigem und tonigem Lehm dokumentiert. Unter dieser 1,5 m mächtigen kolluvialen Überdeckung war eine spätpleistozäne Lößfließerde bis in etwa 3,0 m Tiefe aufgeschlossen.

Unterer Talabschnitt

Zurück nach Dahl und weiter über Dörenhagen–Eggeringhausen ins untere Ellerbachtal bei Schloß Hamborn. Von hier Möglichkeit einer Fußwanderung durch das Tal nach Kirchborchen.

5. Unteres Ellerbachtal bei Schloß Hamborn

Von der Haxtergrundbrücke bis Hamborn verläuft das untere Ellerbachtal in SWS-Richtung, von dort Laufänderung in westlicher Hauptrichtung bis zum Storchenkolk in Kirchborchen (12 km).

Obwohl der Charakter eines Kastentals gewahrt ist, fällt auf, daß nunmehr der gestreckte Talverlauf in eine stark gekrümmte Talformung, in der Mäander

Abb. 5: Ellerbachtal bei Hamborn

vorherrschen, übergeht. Besonders markant tritt die Häufung der Bögen oberhalb und unterhalb von Schloß Hamborn in Erscheinung. Es besteht kein Anlaß, hierfür Festigkeitsunterschiede der anstehenden Turonkalke verantwortlich zu machen. Diese Talanlage stellt keinen Einzelfall auf der Paderborner Hochfläche dar. Gerade die in NO-SW-Richtung ziehenden Täler, wie das der Alme von Borchen bis Weine, haben starke Mäander gebildet und unterscheiden sich hierdurch klar von den mäanderfreien Abdachungstälern (FEIGE 1961). FEIGE vermutet sogar, daß der Vorläufer des Ellerbachs durch das mittlere Almetal nach Südwesten dem Oberlauf der Urmöhne zugeflossen ist. Nach K. N. THOME (mündliche Mitteilung) könnten Gletschermassen dem drenthezeitlichen Ellerbach den vorgegebenen Weg verlegt und ihn nach Südwesten abgelenkt haben.

Die Hänge sind insgesamt steiler und rücken näher aneinander heran. Die verengte Talsohle schwankt in ihrer Breite von 40–80 m. Sofern die Unterhänge Lößlehmdecken tragen, sind diese lückenhafter und in der Längsausdehnung schmaler als die entsprechenden Vorkommen vor allem im oberen Talabschnitt. Wenn VOGELSANG (1974) schreibt, daß die Mäander des Ellerbachtals asymmetrisch ausgebildet sind und daß – vom Talgrund aus gesehen – die nordwestlichen Prallhänge steiler geformt sind als die entsprechenden Gegenhänge, so wird diese Feststellung indirekt durch die Bodenkartierung bestätigt. Denn letztere weisen, da flacher angelegt, mehr Lößvorkommen auf als die Prallhänge.

Kurzläufige Hangtälchen ziehen sich, wie im gesamten Talverlauf, die Hänge hinab. Wie es sich bereits im mittleren Talabschnitt abzeichnete, sind jetzt echte

Nebentäler auf das Haupttal ausgerichtet, die sich verzweigen und ihrerseits schmale Kerben hangaufwärts entsenden. Diese Nebentäler verlaufen auf der Hochfläche von Osten nach Westen und sind ausschließlich auf das Einzugsgebiet südlich und östlich des Ellerbachs beschränkt. Das zur Münsterschen Bucht gerichtete Gefälle spiegelt sich darin wider. Für die in Hanglagen vorkommenden Böden, also *Braunerden* aus Lößlehm und Kalksteinverwitterungslehm sowie vereinzelt *Rendzinen* aus Kalkstein und Mergel, treffen bezüglich der Merkmale und Verbreitung weitgehend die bisherigen Angaben zu. Allerdings zeichnet sich in der Einstufung durch die Bodenschätzung wegen der günstigeren Klimaverhältnisse eine Besserstellung ab: Braunerden aus Lößlehm mit Wertzahlen von 55–65, Braunerden aus Kalksteinverwitterungslehm mit Wertzahlen von 40.

Die *Kolluvien im Talgrund* der Eller sind durchschnittlich mit Wertzahlen von 55–65 belegt, in Engtälern freilich wegen der Schattenwirkung angrenzender Waldränder um 5–10 Wertzahlen zurückgestuft. Auf mehrere Kilometer Länge rücken die Wälder und Waldstreifen bis an das Grünland der Talsohle heran und geben dem pflastermüden Großstädter aus Paderborn Gelegenheit, den Reiz dieses Erholungsgebiets auszuschöpfen.

Die Mächtigkeit des angeschwemmten Lehms (Schlufflehm, teilweise über steinigem tonigen Lehm) geht verschiedentlich über 2,0 m hinaus, und es kommt vor, daß die gesamte Bodenschicht im 2,0-m-Bereich humushaltig ist. Derartige tiefreichende humose Beimengungen sind für Kolluviallehme in Trockentälern der Paderborner Hochfläche ungewöhnlich und zeigen auf, welche Mengen an Krumenmaterial durch die Umwandlungen von Wald in Acker im dortigen Raum seit dem frühen Mittelalter bewegt worden sind.

Das Tal verengt sich oberhalb und unterhalb Hamborns so sehr, daß im geologischen Kartenblatt C 4318 Paderborn die Talablagerungen der Einheit qh nicht darzustellen waren. Streckenweise ist das Bachbett so tief eingeschnitten, daß schon seit langem angrenzende höhergelegene Flächen unberührt von Überflutungswasser blieben. In den holozänen Talsedimenten verlief dann die Bodenentwicklung bis zur *Parabraunerde*. Deutlich war ein lockerer gelbbrauner Tonverarmungshorizont über dem typisch rötlichbraunen Tonanreicherungshorizont zu erkennen. In der Einstufung durch die Bodenschätzung kommt dieser fortgeschrittene Entwicklungszustand insofern zum Ausdruck, als im Klassenzeichen die Entstehungsart nicht mit Al (Alluvialboden), sondern mit V (Verwitterungsboden) angegeben ist, etwa mit L4V. Es handelt sich um ertragreiche Ackerböden mit Ackerzahlen von 55–65.

Im übrigen führt die Parabraunerde, auf die gesamte Paderborner Hochfläche bezogen, heute nur noch ein verstecktes Dasein. Bei Spezialkartierungen, beispielsweise auf dem Sintfeld, konnte dieser Bodentypus vornehmlich durch den Nachweis der resistenteren Tonanreicherungshorizonte, begraben unter jüngeren holzänen Sedimenten, aufgedeckt werden. Die Anfänge dieser Parabraunerden sind zweifellos im späten Pleistozän und frühen Holozän zu suchen. Dafür sprechen bestimmte Anzeichen, wie periglaziale Bodenfrosterscheinungen. Der Tonanreicherungshorizont in einer Lößfließerde (vgl. v. ZEZSCHWITZ 1980) des erwähnten Aufschlusses in Nordborchen enthielt einen ungewöhnlichen breiten Eiskeil. Durch die nacheiszeitlichen Umlagerungs- und Abtragungsprozesse hat

Abb. 6: Rutschungen von Kalksteinplatten bei Kirchborchen

die Parabraunerde, das gilt als sicher, ihre entwicklungsmäßig überkommenen Flächenanteile in den ehemaligen Lößzonen der Paderborner Hochfläche verloren.

Beim Bau des Hochwasserrückhaltebeckens am Aussiedlerhof zwischen Schloß Hamborn und Kirchborchen war an der östlichen Aufschlußwand eine gesteinsbedingte Besonderheit zu sehen. Die aus lehmigem Kalksteinschutt entstandene Rendzina ließ nicht ahnen, daß in ihrem C-Horizont zerbrochene Kalksteinplatten lagen, die verrutscht, verstellt und verkantet – wie lose Sargdekkel – auf dem Bett einer völlig aufgeweichten Mergelschicht ruhten. Ein Anschauungsunterricht für die unterschiedliche Verwitterungsresistenz von Kalkstein und Mergel und für die Voraussetzungen zur Entstehung von Schichtstufen, deren einige im großen die Paderborner Hochfläche zu bieten hat.

Talmündungsabschnitt

Weiterfahrt zur Mühle am Storchenkolk in Kirchborchen.

6. Mühle am Storchenkolk

Der Talmündungsabschnitt erstreckt sich vom Storchenkolk in Kirchborchen bis zur Einmündung ins Altenautal (ungefähr 1 km). Durch das ganzjährig fließende Wasser des Storchenkolks und anderer Quellen sowie durch die anzunehmende Beeinflussung vom Flußsystem Altenau/Alme aus waren die

Vorbedingungen zur Entwicklung von *Grundwasserböden* gegeben. Soweit die dörfliche Bebauung einen Einblick erlaubt, kommen in der schwach eingetieften Talmitte Auengleye, in der etwas höhergelegenen Talrandzone Braune Auenböden vor. Zu der Einwirkung von Grundwasser, das vom Schotterkörper zumindest außerhalb der Vegetationszeit in die Auenlehmdecke aufsteigt, kommt die zeitweilige Überflutung als weiteres Kriterium eines Auenbodens.

Die holozänen Auenablagerungen setzen sich bodenartlich aus schluffigem Lehm (Schwemmlöß) zusammen, der teilweise eine Schicht schluffig-tonigen Lehms überlagert, und sind durchschnittlich 1,0–2,0 m mächtig. Ihrer Herkunft nach sind diese Sedimente den kolluvialen Lehmen der Talböden des Ellerbaches weiter oberhalb gleichzusetzen, mit der Einschränkung, daß bei ersteren das fließende Wasser stärker im Vordergrund steht. Die grau gebleichten und rostbraun gefleckten Auengleye eignen sich lediglich zur Grünlandnutzung, wohingegen die dunkelgraubraun gefärbten Braunen Auenböden bei größerem sommerlichen Grundwasserflurabstand der Ackerkultur zugänglich sind, mit dem Risiko plötzlichen Hochwassers behaftet.

Was die Hangböden betrifft, so treten unverändert Braunerden aus Lößlehm und Kalksteinverwitterungslehm sowie eine flächenhaft abgrenzbare Rendzina auf der steilen Storchenkolkseite auf. Einzelne Hangtälchen sind mit Kolluvien aus umgelagertem Lößlehm ausgekleidet.

Literatur

Butzke, H. (1968): Über den Einfluß des Staubniederschlages der Zementindustrie auf die Waldböden im Raume Beckum/Westfalen. – Fortschr. Geol. Rheinl. u. Westf., 16: 269–284, 3 Abb., 3 Tab.; Krefeld.

Dahm, H. D. (1958): Merkmale und Verbreitung periglazialer Fließßerden im südlichen Eggegebirge. – Geol. Jb., 76: 25–36, 6 Abb.; Hannover.

Dahm, H. D. & Müller, E. H. (1956): Forstkartierung 1:10 000 des Staatl. Forstamtes Neuenheerse. – 10 Ktn., 2 Leg., mit Erl., 26 S., 53 Anl.; Arch. Geol. L. A. Nordrh.-Westf., Krefeld. – [Unveröff.].

Feige, W. (1961): Talentwicklung und Verkarstung im Kreidegebiet der Alme. – Spieker, 11: 4–66, 13 Abb., 1 Tab.; Münster.

Küting, H. (1963): Schwaney. Zur Geschichte eines tausendjährigen Siedlungsraumes. – 752 S., 52 Abb.; Schwaney u. Paderborn.

Maasjost, L. (1962): Blatt L 4318 Paderborn. – Geographisch-landeskundliche Erläuterungen zur Topographischen Karte 1:50 000, 4, 14 S., 1 Kt.; Bonn-Bad Godesberg.

– (1969): Die Paderborner Hochfläche. – Landschaftsf. d. Westf. Heimatbundes, 5, 71 S., 57 Abb., 4 Tab.; Münster (2. Aufl.).

– (1973): Das Eggegebirge. – Landschaftsf. d. Westf. Heimatbundes, 4, 64 S., 40 Abb., 1 Tab.; Münster (3. Aufl.).

Mertens, H. (1966): Erläuterungen zur Bodenkarte 1:5000 der Gemeinde Etteln, Krs. Büren i. W. – 16 S., 1 Leg.; Arch. Geol. L. A. Nordrh.-Westf., Krefeld. – [Unveröff.].

– (1967): Erläuterungen zur Bodenkarte 1:5000 der Gemeinde Haaren, Krs. Büren i. W. – 8 S., 1 Leg.; Arch. Geol. L. A. Nordrh.-Westf., Krefeld. – [Unveröff.].

- (1973): Die Bodenkarte 1:50 000 von Nordrhein-Westfalen. – Niederrh. Jahrb., XII: 55–61, 1 Abb.; Krefeld.
- (1979): Bodenkarte Nordrh.-Westf. 1:50 000, Bl. L 4318 Paderborn; Krefeld.

Rohdenburg, H. (1965): Untersuchungen zur pleistozänen Formung am Beispiel der Westabdachung des Göttinger Waldes. – Gießener Geogr. Schr., 7, 76 S.; Gießen.

Schönhals, E. (1960): Spät- und nacheiszeitliche Entwicklungsstadien von Böden aus äolischen Sedimenten in Westdeutschland. – 7th int. Congr. Soil Sci.; Madison, Wisc., USA.

Stöhr, W. Th. (1963): Der Bims (Trachyttuff), seine Verlagerung, Verlehmung und Bodenbildung (Lockerbraunerden) im südlichen Rheinischen Schiefergebirge. – Notizbl. hess. L.-Amt Bodenforsch., 91: 318–337, 3 Abb., 1 Tab., Taf. 27; Wiesbaden.

von Zezschwitz, E. (1967): Zur Geschichte und Vergesellschaftung typischer Böden der Paderborner Hochfläche. – Decheniana, 118: 222–234, 5 Abb.; Bonn.

- (1970): Erläuterungen zur Bodenkarte des Staatl. Forstamtes Böddeken. – 24 S., 1 Abb., 2 Tab.; Arch. Geol. L. A. Nordrh.-Westf. Krefeld. – [Unveröff.].
- (1980): Reliktisches und jungholozänes Tonfließplasma in bronzezeitlichen Grabhügeln auf der Paderborner Hochfläche. – Fundber. aus Hessen, 20 (Fischer-Festschr.): 423–447, 2 Abb., 4 Tab., 5 Taf.; Wiesbaden.
- (1982): Paläoböden der Paderborner und Briloner Hochfläche. – Eiszeitalter u. Gegenwart, 32: 203–212, 1 Abb., 2 Tab.; Hannover.

Werner, J. (1958): Zur Kenntnis der Braunen Karbonatböden (Terra fusca) auf der Schwäbischen Alb. – Arb. aus d. Geol.-paläontol. Inst. T. H. Stuttgart, 16: Stuttgart.

VOM SÜDRAND
DER PADERBORNER HOCHFLÄCHE
DURCH DAS WALDLAND AN DER DIEMEL
ZUR WALDECKER HOCHFLÄCHE

Hans-Hubert Walter

Exkursionsverlauf

Eintägige Busexkursion, ca. 20 km, mit 1 Wanderung, 2 Stadtbegehungen, 1 Bergwerksbesichtigung, insgesamt ca. 5 km zu Fuß.

Karten

TK 1:50 000 (Hrsg.: LVA NW) Bl. L 4518 Marsberg.
Geologische Karte von Preußen und benachbarten deutschen Ländern 1:25 000 mit Erl. Hg. v. d. Preußischen Geolog. Landesanstalt. Ausgabe 1936. Bl. 4519 Marsberg.

Einführung

Im Südosten Westfalens treffen im Gebiet der Stadt Marsberg an der Diemel *drei naturräumliche Einheiten* erster Ordnung aufeinander: die Westfälische Bucht mit der Paderborner Hochfläche, das Südergebirge mit dem Waldland an der oberen Diemel und das Westhessische Bergland mit der Waldecker Hochfläche. Im Gelände lassen sich diese Landschaften deutlich voneinander unterscheiden: Zwischen die Offenländer der beiden Hochflächen mit landwirtschaftlicher Nutzung schiebt sich keilförmig von Westen her das noch zum Sauerland gehörende reliefierte Waldland an der Diemel.

Am Rand der *Paderborner Hochfläche* streichen die Kreidekalkschichten der Westfälischen Bucht mit der Cenoman-Schichtstufe des Sintfeldes frei nach Süden aus. Hier erreicht die Hochfläche mit 450 m ü. NN ihre höchste Erhebung. Die Folge davon ist ein rauhes Klima mit niedrigen Temperaturen (Jahresmittel weniger als 7° C), verkürzter Vegetationszeit (ca. 130 Tage) und Schneereichtum. Zwar ist die Niederschlagsmenge mit rund 800 mm pro Jahr infolge der Lage im Lee des Astengebirges verringert, doch liegt ein Nebenmaximum im Dezember; daher kommt es im Winter häufig zu Verkehrsbehinderungen durch Schnee, zumal da dieser auf der kahlen Hochfläche stark verweht wird. Die Landwirtschaft ist wenig ertragreich; die Einwohner der wenigen, stets geschützt im Gelände liegenden Dörfer sind gezwungen, ihrem Erwerb vorrangig als Pendler in den Gewerbe- und Industriebetrieben im Diemeltal nachzugehen.

Die *Diemel* hat als wasserreicher Gebirgsfluß durch ihre Erosionstätigkeit in einem tiefen Einschnitt zwischen den beiden Hochflächen das Grundgebirge freigelegt. Dieses besteht aus Grauwacken und Schiefern des flözleeren Karbons. Während die weichen Kulmtonschiefer die Anlage des relativ breiten, muldenförmigen Diemeltales und des südlich einmündenden schmaleren Glindetales

51

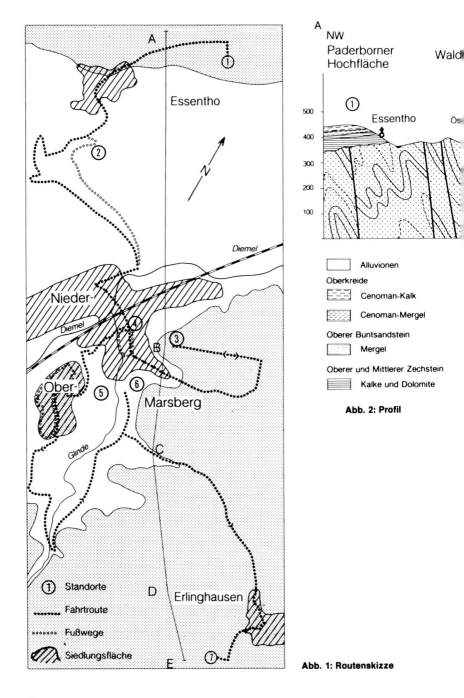

A
NW
Paderborner
Hochfläche
Wald

① Essentho
Ös

500
400
300
200
100

Alluvionen

Oberkreide

Cenoman-Kalk

Cenoman-Mergel

Oberer Buntsandstein

Mergel

Oberer und Mittlerer Zechstein

Kalke und Dolomite

Abb. 2: Profil

Essentho

Diemel

Nieder-

Diemel

Ober-

Marsberg

Glinde

B

③

⑤ ⑥

C

① Standorte

Fahrtroute

Fußwege

Siedlungsfläche

D Erlinghausen

E ⑦

Abb. 1: Routenskizze

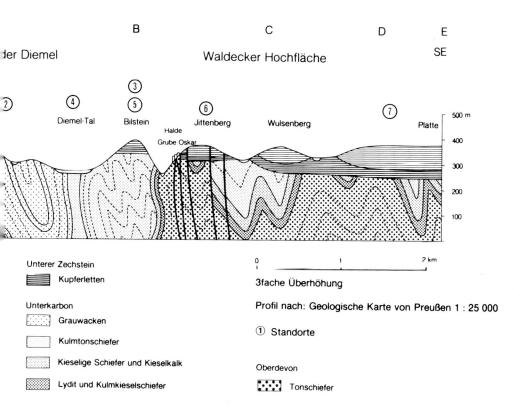

	B		C	D	E
der Diemel			Waldecker Hochfläche		SE

Diemel-Tal Bilstein Jittenberg Wulsenberg Platte

Halde
Grube Oskar

500 m
400
300
200
100

Unterer Zechstein

▬ Kupferletten

Unterkarbon

▒ Grauwacken

☐ Kulmtonschiefer

▒ Kieselige Schiefer und Kieselkalk

▓ Lydit und Kulmkieselschiefer

0   1   2 km

3fache Überhöhung

Profil nach: Geologische Karte von Preußen 1 : 25 000

① Standorte

Oberdevon

▒ Tonschiefer

ermöglichten, blieben die härteren Grauwacken und Grauwackenschiefer nördlich des Tales in Form langer Gebirgsrücken erhalten.

Im *Glindetal* sind unterkarbonische Kieselschiefer und Lydite die Träger von Kupfererz, das durch Lösung und Absteigen aus dem überlagernden Zechstein entstand. Dieses Erz wurde vom Mittelalter an bis 1945 in zahlreichen Bergwerken abgebaut und am Ort verhüttet. Kupfererz und ebenfalls in der Umgebung vorkommendes Eisenerz bildeten die Grundlagen für eine sehr frühe und dauerhafte gewerblich-industrielle Überformung des Marsberger Gebietes.

Die tiefen Flußeinschnitte wirkten sich in früheren Zeiten als beachtliche Verkehrshindernisse aus. Nord-Süd gerichtete Verkehrsströme, die vom frühen Mittelalter bis ins 19. Jahrhundert vorherrschten und insbesondere den sog. Frankfurter Weg benutzten, querten das Diemeltal in Niedermarsberg. Infolgedessen entstand dort schon vor 900 n. Chr. der Marktort *Horhusen*, der sich im 11./12. Jahrhundert zu einem bedeutenden Handelsplatz entwickelte.

Historisch bedeutsamer ist jedoch die benachbarte Bergstadt *Obermarsberg*. Auf dem isolierten, früher nur von Süden her zugänglichen Auslieger der

Waldecker Hochfläche bestanden nacheinander mehrere administrativ und strategisch bedeutsame Anlagen: die sächsische Eresburg, 772 von Karl dem Großen zerstört; das erste sächsische Benediktinerkloster, 780 als Zentrum der Sachsenmissionierung und der karolingischen Gebietsorganisation gegründet; die kölnische Festungsstadt, nach 1230 zur Verwaltung und militärischen Absicherung der Kölner territorialen Eroberungen im Diemel-/Weserraum und zur Kontrolle des Frankfurter Weges ausgebaut (Näheres s. WALTER 1977, S. 273–277) Die Bürger der neuen Stadt wurden aus Horhusen umgesiedelt. Seitdem spielte Horhusen/Niedermarsberg bis zum 19. Jahrhundert nur eine untergeordnete Rolle. Die Funktionsteilung innerhalb der Doppelstadt Marsberg machte die Oberstadt zum administrativen Zentrum, während Niedermarsberg gewerblich-industrieller Vorort wurde.

Im Gefolge des industriellen Aufschwungs im 19. Jahrhundert erstarkte *Niedermarsberg:* 1807 wurde die administrative Abtrennung von Obermarsberg erreicht, 1856 wurde die Unterstadt Sitz des Amtes Niedermarsberg. Die nunmehr amtsfreie Oberstadt verlor ihre Bedeutung als Sitz des früheren Amtes Marsberg. Die Verlagerung der zentralörtlichen Funktionen in die Unterstadt wurde begünstigt durch die Anlage neuer Verkehrswege im Diemeltal. Dort wurde 1835 über die Diemelchaussee und 1872 über die Ruhr-Diemeltal-Eisenbahn der Anschluß zum Ruhrgebiet und zum Kasseler Raum geschaffen (vgl. WALTER 1979 a, S. 90–93).

Heute ist Niedermarsberg Mittelpunkt der 1975 neu geschaffenen Verwaltungseinheit „Stadt Marsberg". Von den 22 000 Einwohnern (1984) der 17 zusammengefaßten Orte wohnen 8200 in Niedermarsberg, aber nur 1700 in Obermarsberg (vgl. WALTER 1979 b). Marsberg ist in den Landesentwicklungsplänen als Mittelzentrum ausgewiesen. Die Verkehrswege im Diemeltal sind Grundlage der Entwicklungsachse 2. Ordnung, die Marsberg mit Brilon und dem Ruhrgebiet sowie mit Warburg und Kassel verbindet. Das Oberzentrum Paderborn ist über die Autobahnen 44 und 33 zu erreichen.

Gemäß der industriellen Tradition findet mehr als die Hälfte der Erwerbstätigen (53,9 %) im Produzierenden Gewerbe ihren Lebensunterhalt. An die Stelle der Kupfer- und Eisenindustrie ist allerdings die Glasindustrie getreten, die von ihren traditionellen Standorten in den nördlichen Waldungen in die Stadt gewandert ist. Als weitere Erwerbsquelle bieten sich die 1812 gegründeten Landeskrankenanstalten an, die 966 Personen (18,9 % der Beschäftigten) Arbeit geben.

Im Südosten Marsbergs dehnt sich in 370–400 m Höhe die schwach reliefierte *Waldecker Hochfläche* aus. Ihr nördlicher waldarmer Teil trägt den Namen Obermarsberger Hochfläche. Sie besteht aus klüftigen Kalken und Dolomiten sowie z. T. kupferhaltigen Letten des Zechsteins, welcher das karbonische Grundgebirge horizontal überlagert. Im Süden und Osten ist noch eine Überdeckung aus Schiefertonen und mürben Sandsteinen des Unteren Buntsandstein erhalten. Das Verwitterungsprodukt sind mittel- bis tiefgründige schwere Lehmböden von meist rötlicher Farbe. Für die landwirtschaftliche Nutzung bedürfen sie jedoch bestimmter Durchfeuchtungsgrade. – Bei der Niederschlagshöhe von ca. 700 mm wirkt sich die Lage im Lee des Sauerlandes aus. Zusätzlich machen sich kontinentale Einflüsse mit kälteren und längeren Wintern bemerkbar (Januarmittel −1 bis −1,5° C). Insgesamt sind die Anbaubedingungen deutlich günstiger als im Sauerland und auf der Paderborner Hochfläche.

Die ehemals überwiegend bäuerliche Bevölkerung siedelt in geschlossenen Haufendörfern. Begünstigt durch die Nähe zum industriell geprägten Diemel- bzw. Hoppecketal sind diese Dörfer inzwischen zu Pendlerwohnorten geworden. Zahlreiche Neubaugebiete mit Einfamilienhäusern prägen das Dorfbild.

Routenbeschreibung

1. Südrand der Paderborner Hochfläche bei Essentho:
Überblick über den Verlauf des Profils

Standort: 1,5 km nordöstlich von Essentho an der Straße nach Meerhof. Nach Erreichen der Hochfläche in Feldweg rechts zwischen zwei Feldscheunen an Pappelreihe entlang abbiegen und parken. Kurzer Fußweg geradeaus über Weideland bis Stall an der Geländekante (450 m ü. NN).

Vom Standort aus sind deutlich die eingangs beschriebenen *drei Landschaften* zu unterscheiden. Im Südwesten wird im Hintergrund der getreppte Anstieg des Ostsauerländer Gebirgsrandes in Richtung Astengebirge sichtbar. Aus dem Waldland an der Diemel ragt der Bergkopf von Obermarsberg mit der Stiftskirche am höchsten Punkt empor. Dicht daneben hat man Einblick ins Glindetal, an dessen Einmündung ins Diemeltal (nicht mehr sichtbar) Niedermarsberg liegt. Auf der Waldecker Hochfläche gegenüber sieht man das Haufendorf Erlinghausen, wo die Exkursion enden wird.

Auf der *Paderborner Hochfläche* lassen die Feldscheunen auf die Enge in den Haufendörfern und die z. T. langen Wege dorthin schließen. Die einfachen Ställe dienen dem Weidevieh als Unterstände in den kühlen Nächten des Sommerhalbjahres. Wasserbehälter zur Viehtränke weisen auf den Wassermangel der verkarsteten Hochfläche hin.

Die Cenoman-Schichtstufe wird aus Plänerkalken über Mergel gebildet. Am Fuß der Stufe taucht ein schmales Band des Unteren Buntsandsteins auf, während auf dem flachen Bergkopf unterhalb mit Kalken und Dolomiten des Zechsteins Reste der Waldecker Hochfläche diesseits des Diemeleinschnitts erhalten geblieben sind. – Das Dorf Essentho duckt sich im Schutze der Schichtstufe am Quellhorizont zwischen Grund- und Deckgebirge. Jenseits des Dorfes bietet ein Zweigwerk der Niedermarsberger Glasfabrik Arbeitsplätze.

2. Wanderung auf der Via regis von Essentho bis Niedermarsberg:
Historische Verkehrswege zur Querung des Diemeltales

Fußweg ca. 1,5 km abwärts. Ausgangspunkt: Südlich Essentho zu Beginn der Gefällestrecke der Landstraße nach Niedermarsberg, kurz hinter dem Waldrand (rechts Forsthaus) links Parkplatz. Bus fährt auf der Straße abwärts, wartet an der Einmündung in die B 7. – Fußweg: Vom oberen Rand des Parkplatzes auf Waldweg diagonal aufwärts gehen bis zum Waldrand, dort Wegverzweigung: nach rechts im spitzen Winkel abbiegen, dem Waldweg folgen.

Mit den Namen „*Via regis*" oder „Königsstraße" wurden im Mittelalter die Fernhandelsstraßen belegt, die unter dem besonderen Schutz des Königs standen („Königsfriede"). Die Wanderung folgt dem Abstieg des „Frankfurter Weges", jener wichtigen Handelsstraße von Bremen bzw. Lübeck nach Frankfurt, die zwischen den Hochflächen in einer Furt die Diemel querte.

Auf der Wanderung sind typische Erscheinungsformen historischer Fernstraßen zu beobachten. Gleich zu Beginn sind auf kurzen Abstechern in den Hochwald (rechts, hangabwärts) mehrere bogenförmig den Hang emporführende alte Wagengleise als Hohlformen auszumachen. Sie entstanden an starken Steigungen oder – wie hier – in feuchtem Gelände. Dort mußte man immer wieder neue Fahrspuren wählen, weil die alte Fahrspur unpassierbar geworden war (z. B. durch Morast, Steine oder durch liegengebliebene Fuhrwerke). Weiter abwärts vereinigen sich die verschiedenen Wagengleise zu einem einzigen Hangweg, der später in einen tief eingeschnittenen Hohlweg übergeht; dessen Tiefe belegt das hohe Alter des Weges. Er schneidet die Talflanke diagonal an, um möglichst gleichmäßig die Höhendifferenz zu überwinden.

3. Bilstein-Turm östlich von Niedermarsberg: a) Jüngere Siedlungsentwicklung der Doppelstadt Marsberg; b) Stadtanlage Niedermarsberg

Von Niedermarsberg auf der Straße nach Hesperinghausen bis zur Anhöhe, dort den Wegweisern „Zum Bilstein-Turm" folgen. Bei der Auffahrt wird links ein großer Steinbruch sichtbar. Hier werden die Schaumkalke des mittleren Zechsteins abgebaut, die ein vorzügliches Material zur Herstellung von Branntkalk sowie einen guten Baustein abgeben.
Standort: auf der Aussichtsplattform des Turmes, stets geöffnet.

Zu a): Im Gegensatz zum alten Frankfurter Fernhandelsweg, der die Diemel in einer Furt zwischen der heutigen Diemelbrücke und dem heutigen Gymnasium (flacher Gebäudekomplex flußabwärts) querte, verlaufen die heute bedeutsamen Verkehrswege parallel zur Diemel. Entlang der Bundesstraße 7 und der Bahnlinie Hagen–Kassel hat sich ein *Verdichtungsband* von Wohnhäusern, Bildungs- und Sporteinrichtungen, Gewerbe- und Industrieanlagen entwickelt. (Die Werksanlagen der Glashütte sind durch den Wald im NE des Aussichtsturms verdeckt.) Im engen Glindetal (im Vordergrund) boten sich für den Stadtkern Niedermarsbergs keine Möglichkeiten zur Siedlungserweiterung mehr. Ebensowenig verfügte Obermarsberg über entsprechende Reserveflächen auf dem isolierten Bergplateau. Also drängten beide ehemals selbständigen Städte ins Diemeltal, wo bis 1945 nur wenige Wohnhäuser entlang der Reichsstraße und zweier Zufahrten zur Diemelbrücke standen. Niedermarsberg verdichtete und erweiterte dieses Siedlungsgebiet in Richtung Westen und schuf dort den Anschluß an die ehemals Obermarsberger Rennufersiedlung (im Hintergrund links). Für das Verkehrs- und Siedlungsband, das die Landesentwicklungspläne als Entwicklungsachse 2. Ordnung ausweisen, bestehen deutliche Tendenzen zur Ausweitung nach NE (Westheim-Scherfelde) und SW (Bredelar-Beringhausen). Da Niedermarsberg überdies als Siedlungsschwerpunkt ausgewiesen ist, entspricht der gegenwärtige Verdichtungsprozeß den Absichten der Landesplanung.

Über die Bedeutung des Standortes Niedermarsberg im Gesundheitswesen geben die zahlreichen *Krankenhausbauten* Aufschluß. Jenseits der Diemel liegt oben am Gegenhang das Städtische Krankenhaus. Weiter links talauf erkennt man an der B 7 einen mit Bäumen durchsetzten Gebäudekomplex (mit hohem Schornstein); ein weiterer Krankenhauskomplex liegt dem Bilstein-Turm gegenüber am Hang Obermarsbergs. Beide Anstalten sind Fachkrankenhäuser für Psychiatrie in Trägerschaft des Landschaftsverbandes Westfalen-Lippe. Dazu gehört auch das Therapiezentrum für drogenabhängige Straffällige (im Glindetal links innerhalb der Straßenschleife).

Zu b): Der Stadtkern Niedermarsberg zeigt einen oval-länglichen Grundriß mit doppelt leiterförmigem Straßennetz. Befestigungsanlagen aus dem Mittelalter sind nicht erhalten, da die Siedlung nach Abtretung der städtischen Funktionen an Obermarsberg kaum noch befestigt war und häufig zerstört wurde. Zwei Siedlungszellen lassen sich unterscheiden: die Magnuskirche im NW mit dem früheren Markt des 10. Jahrhunderts (rechts) und ein zweiter Marktplatz aus dem 11. Jahrhundert (unterhalb des Standortes). Zwischen diesem Platz und dem Bilsteinhang lag im Mittelalter eine zweite Pfarrkirche, St. Dionysius. Für die Entstehung dieses Siedlungszwillings war die unterschiedliche territoriale Zugehörigkeit ausschlaggebend: Die Magnuspfarrei gehörte zu Corvey, die Dionysiuspfarrei zu Paderborn. Demgemäß war die Siedlung in eine Corveyer und eine Paderborner Hälfte geteilt.

4. Stadtbegehung Niedermarsberg: Stadtkern

Parken auf dem Kirchplatz der St.-Magnus-Kirche (Casparistraße). Fußweg: Weist – Marktplatz – Hauptstraße; ca. 1 km.

Der Bau der heutigen Magnuskirche wurde 1856 vollendet. Er ersetzte den ursprünglichen Kirchenbau aus dem 11. Jahrhundert. Auf dem Weg entlang der Glinde nach SE (Straße „Weist") lassen mehrere Häuser in den Seitenstraßen ihre frühere Funktion als Ackerbürgerhäuser erkennen (z. B. Ecke Klosterstraße). Von der kommerziellen Gebäudenutzung der im Abstand von nur 50 m parallel verlaufenden Hauptgeschäftsstraße sind die Seitenstraßen noch unberührt. Der Marktplatz (des ehemals Paderborner Ortsteils), in den die Weist einmündet, dient heute vornehmlich als Parkplatz. Von der dazugehörigen Dionysiuspfarrkirche (am Bilsteinhang unterhalb des Friedhofs gelegen) zeugt nur noch die Straßenbezeichnung „Dionysiusstraße". Die Kirche verfiel schon im 16. Jahrhundert, als Niedermarsberg sehr niedrige Einwohnerzahlen aufwies.

In der *Hauptstraße* zwischen Markt und Bahnhofstraße sind inzwischen alle Häuser durch Einrichtungen des Handels und der Dienstleistungen geprägt. Das Angebot entspricht dem Bedarf eines mittelzentralen Einzugsbereichs. Städtebaulich bietet die Hauptstraße das Bild eines Konglomerats von Umbauten älterer Substanz und wenig angepaßten Neubauten. Die Umfunktionierung der frühneuzeitlichen Industriearbeiter- und Ackerbürgersiedlung verlief spontan; der ordnende Einfluß einer ausgewogenen Stadtplanung wird erst bei den jüngsten Baumaßnahmen spürbar.

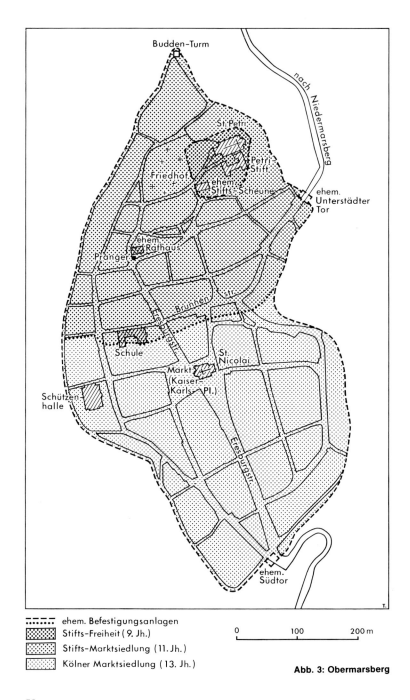

Budden-Turm

nach Niedermarsberg

St. Petri

Petri-Stift

Friedhof

ehem.
Stifts-Scheune

ehem.
Unterstädter
Tor

ehem.
Rathaus

Pranger

Brunnen

Freiheitstr.

Schule

St.
Nicolai

Markt
(Kaiser-
Karls-Pl.)

Schützen-
halle

Eresburgstr.

ehem.
Südtor

T.

ehem. Befestigungsanlagen

Stifts-Freiheit (9. Jh.)

Stifts-Marktsiedlung (11. Jh.)

Kölner Marktsiedlung (13. Jh.)

0   100   200 m

Abb. 3: Obermarsberg

5. Stadtbegehung Obermarsberg: Historisches städtisches Zentrum und sein Bedeutungswandel

Parken auf dem Kaiser-Karls-Platz (Stadtmitte an der Nicolaikirche). Fußweg: westwärts zum Schützenhaus, nordwärts am Stadtrand entlang bis zur Stiftskirche, dann südwärts durch die Stadt auf der Eresburgstraße bis zum Südtor, am westlichen Stadtrand zurück bis Schützenhaus und Kaiser-Karls-Platz; ca. 2 km.

Der Weg am westlichen Stadtrand entlang folgt dem Rand der Zechsteintafel, der früher die Stadtmauer trug. Der Blick hinab auf die modernen Siedlungsausbauten Niedermarsbergs im Diemeltal führt im Vergleich zu der traditionsbestimmten, heute dörflich-idyllisch anmutenden Oberstadt den eingangs dargestellten *Funktionstausch* der beiden Städte deutlich vor Augen.

Die sog. *Stiftskirche* (St. Peter), heute als Pfarrkirche genutzt, steht in der Keimzelle Obermarsbergs. Hier ließ Karl der Große innerhalb der eroberten sächsischen Wallburganlage Eresburg, die das gesamte Bergplateau (ca. 30 ha) umfaßte, im Jahre 785 eine Basilika errichten; auf ihren Fundamenten wurde im 14. Jahrhundert die heutige Kirche mit dem markanten Westturm erbaut (spätromanisch-frühgotischer Baustil mit barocker Innenausstattung). Kirche und südlich sich anschließendes Stift (ursprünglich Kanoniker-, dann bis 1803 Benediktinerstift, heute Pfarrhaus und Wohnungen) bildeten einen Immunitätsbezirk, der schon im 9. Jahrhundert befestigt war.

Das *Rathaus* bzw. dessen im 19. Jahrhundert als Wohnhaus umgebauter Gebäuderest liegt inmitten einer im 11. Jahrhundert vor den Toren der erweiterten Stiftsfreiheit entstandenen ersten Marktsiedlung.

In Konkurrenz zu dieser Corveyer Siedlung wurde südlich anschließend um 1220 vom Kölner Erzbischof, der damals die Territorialherrschaft an Diemel und Weser anstrebte, eine neue Siedlung planmäßig angelegt. Die Grenze zwischen beiden Siedlungszellen ist als Geländesenke an der Brunnenstraße auszumachen. Mittelpunkt der Kölner Siedlung ist die Nikolaikirche (1229 gegründet, frühgotisch). Ihre Lage am großen Marktplatz sowie das Nikolauspatrozinium weisen sie als typische Kaufleutekirche aus. Die aus Horhusen „abgeworbenen" Bürger erhielten 1230 das Stadtrecht verliehen, was ihnen in Horhusen stets verwehrt blieb. (Die Horhusener Stadtrechtsurkunde von 962 gilt als Fälschung.) Mit der Stadtrechtsverleihung wurden beide Teile der Oberstadt vereinigt; jedoch blieb die Stadtherrschaft bis 1507 zwischen Köln und Corvey geteilt.

Die Stadt war stark befestigt. Davon zeugen u. a. Mauerreste am *Südtor* (auf der Innenseite der dortigen Straßenkurve). Dieser Zugang von der Waldecker Hochfläche aus war die einzige verwundbare Stelle der Stadtbefestigung. Von hier aus wurde die Stadt im Dreißigjährigen Krieg mehrmals belagert und schließlich 1646 erobert und zerstört. Danach siedelten allmählich immer mehr Obermarsberger Bürger in die Unterstadt um, ein Prozeß, der sich bis in die Gegenwart fortgesetzt hat.

Auf dem Stadtrundgang fallen immer wieder Wohnhäuser auf, die ihre frühere Nutzung als *Ackerbürgerhäuser* erkennen lassen. Heute gibt es innerhalb der Stadt keine landwirtschaftlichen Vollerwerbsbetriebe mehr, und die Nebenerwerbsbetriebe werden weniger. So verliert die Siedlung allmählich ihren

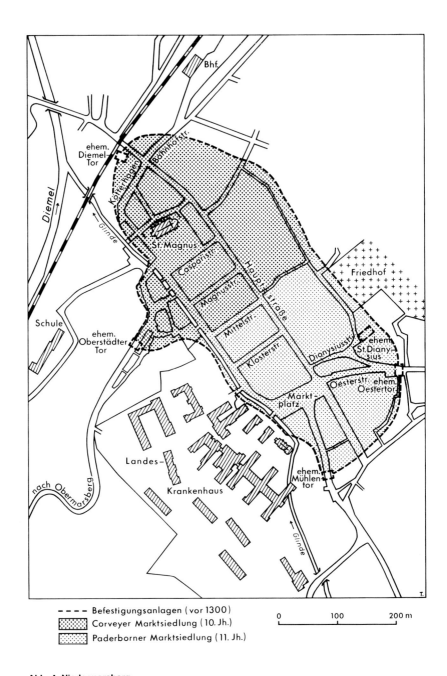

landstädtischen Charakter. Aus dem traditionsreichen zentralen Ort der früheren Jahrhunderte ist eine typische Zwergstadt geworden (vgl. WALTER 1977), die nach dem Verlust der kommunalen Selbständigkeit nur noch die Funktion eines Auspendlervorortes von Niedermarsberg hat.

6. Kilianstollen Niedermarsberg: Bergbau und Hüttenindustrie
a) Einführung; b) Besichtigung des Kilianstollen

Parkmöglichkeit am Kilianstollen im Glindetal, 500 m südlich der Stadtmitte. Einführung dort, anschließende Besichtigung 45 Minuten. Führung sonntags 10–13, 15–17 Uhr, ansonsten nach Vereinbarung. Auskünfte und Anmeldung unter den Telefonnummern 0 29 92/60 22 17 (Stadtverwaltung, Herr Köchling), 0 29 92/33 88 (Verkehrsbüro) und 0 29 92/43 66 (Kilianstollen).

Zu a): Der im Marsberger Gebiet seit dem frühen Mittelalter belegte *Eisen- und Kupfererzbergbau* mit den dazugehörigen Hütten und Hammerwerken erlebte drei Epochen wirtschaftlicher Blüte: erstens im 10.–13. Jahrhundert (Herstellung von Rüstungen und Waffen, von Hausgeräten und Geldmünzen), zweitens im 17./18. Jahrhundert (Herstellung von Kanonen, Kanonenkugeln, Glocken) und drittens im 19. Jahrhundert. Seit Beginn dieser letzten Konjunkturphase wurde jedoch nur noch Kupfererz abgebaut und zu Rohkupfer verhüttet. Der Eisenerzabbau verlagerte sich weiter nach Westen ins Bredelar-Adorfer Revier. (Zur Gesamtsituation von Bergbau und Metallindustrie im Ostsauerland vgl. WALTER 1979 a, 70–77.)

Die Flanken des Glindetales sind beiderseits von den Spuren des *Kupfererzbergbaus* übersät. Alte Tagebaue, Stollen-Mundlöcher, Abraumhalden haben das ursprüngliche Relief stark verändert. Im 19. Jahrhundert förderten hauptsächlich die Gruben Mina (unterhalb Obermarsbergs), Oskar (am Jittenberg) und Friederike (im SE des Bilsteins). Oskar und Friederike waren über den Kilianstollen im Glindetal und über den Beuststollen im Diemeltal miteinander verbunden. Während man zuvor nur die oxydischen Erze des Unterkarbon verhütten konnte, baute man etwa ab 1900 auch die primären sulfidischen Kupfererze des Zechsteins ab (Kupferletten, 1,5–1,6 % Cu-Gehalt). Diese wurden auf offenen Halden durch Berieselung mit Laugen innerhalb von zwei bis drei Jahren zur Oxydation gebracht und als Zementkupfer verhüttet.

Die *Kupferhütten* hatten ihren Standort an der Glinde, deren Betriebswasser sie benötigten. Sie wurden 1834 zur „Stadtberger Hütte AG" zusammengeschlossen und produzierten bis 1930 und nochmals 1936–1945. Danach erlag die Kupfergewinnung vollständig.

Vom Standort am Kilianstollen aus sind zwei der drei Kupferhüttenplätze an der Glinde zu sehen: Gegenüber auf der anderen Straßenseite liegen die Gebäude der sog. Mittleren Hütte, heute von einer Baustoff- und Holzhandlung genutzt; talabwärts innerhalb der großen Straßenschleife steht auf dem Gelände der abgebrochenen Unteren Hütte das Therapiezentrum für drogenabhängige Straffällige. Die Obere Hütte – auf einem Abstecher 400 m talauf zu erreichen – beherbergt heute einen Zweigbetrieb der Marsberger Glashütte. Die Gebäude stammen von der im Jahre 1936 am alten Standort neu errichteten Hütte. Jenseits

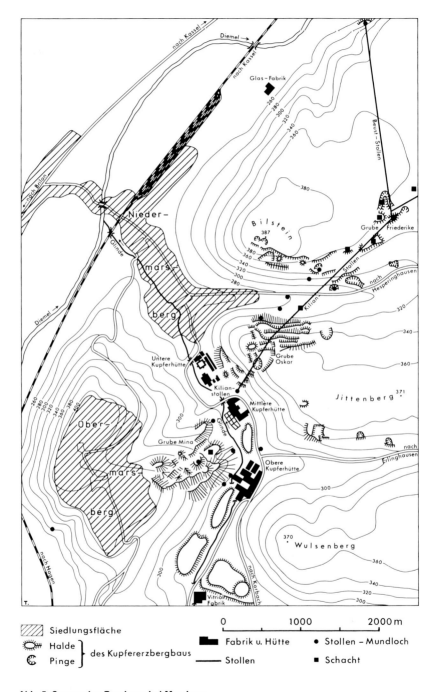

▨ Siedlungsfläche			
☼ Halde	des Kupfererzbergbaus		
⊂ Pinge			

0   1000   2000 m

■ Fabrik u. Hütte   ● Stollen – Mundloch

— Stollen   ■ Schacht

Abb. 5: Spuren des Bergbaus bei Marsberg

der Oberen Hütte sind im Tal die Reste der gewaltigen Halden zu sehen, auf denen die Kupferoxydation vonstatten ging.

Zu b): Der *Kilianstollen* wurde im Jahre 1838 zur Erschließung des Grubenfeldes Oskar angelegt. Auf Betreiben des Marsberger Heimatbundes wurde der Stollen zum Besucherbergwerk ausgebaut. Der Besuch ist nicht nur für Mineralogen und Geologen interessant; er vermittelt allgemein einen Eindruck von der harten Arbeit der Bergleute im 19. und beginnenden 20. Jahrhundert.

7. Waldecker Hochfläche bei Erlinghausen: Rückblick über den Verlauf des Profils

Fahrt von Niedermarsberg nach Erlinghausen. Dort an der Kirche rechts abbiegen, der Straße „Auf der Höh" folgen, bei den letzten Häusern links abbiegen, dem Wirtschaftsweg ca. 300 m folgen, danach an der ersten Wegeinmündung rechts an der Ruhebank Standort.

Die Waldecker Hochfläche, hier im Teilbereich Obermarsberger Hochfläche, läßt ihre flachwellige Oberflächengestaltung erkennen. Das Dorf Erlinghausen duckt sich wie die übrigen Hochflachendörfer in eine Geländemulde. Auf den rötlichen Lehmböden wird vornehmlich Futterbau betrieben, der zusammen mit der zunehmenden Vergrünlandung auf die viehwirtschaftliche Ausrichtung der landwirtschaftlichen Betriebe hinweist.

Die Hochfläche wird im Westen durch einen walfischförmigen bewaldeten Bergrücken begrenzt (Priesterberg, 440 m ü. NN). Dort beginnt der getreppte Aufstieg des Ostsauerländer Gebirgsrandes, dessen Stufen sich über die Buckelwelt des Padberger Berglandes (500–600 m hoch) bis zur Hochstufe des Langenberg-Blocks im Hintergrund (840 m) verfolgen lassen.

In Blickrichtung NW läßt sich im Vordergrund fast das gesamte Bergplateau Obermarsbergs überblicken. Das davor quer verlaufende Glindetal mit seiner Industrie ist nicht einsehbar. Dahinter erheben sich die Rücken des karbonischen Waldlandes an der Diemel. Diese werden im NNW durch die lange gerade Horizontlinie der Cenoman-Schichtstufe der Paderborner Hochfläche abgelöst. In deren Mitte werden zwei Feldscheunen hinter Pappeln sichtbar: der erste Standort der Exkursion.

Literatur

Bürgener, M. (1963): Die naturräumlichen Einheiten auf Blatt 111 Arolsen. Geogr. Landesaufnahme 1:200 000. Naturräumliche Gliederung Deutschlands. Bad Godesborg.

Gebietsentwicklungsplan Reg.-Bez. Arnsberg, Teilabschnitt Hochsauerlandkreis. Hrsg. v. Reg.-Präs. Arnsberg. Arnsberg 1979.

Hagemann, L. (o. J.): Aus der Geschichte der kath. Pfarrgemeinden Marsbergs. Niedermarsberg.

Ittermann, R. (1975): Ländliche Versorgungsbereiche und zentrale Orte im hessisch-westfälischen Grenzgebiet. Spieker 23.

Maasjost, L. (1968): Der Bergkopf von Obermarsberg. In: Topogr. Atlas Nordrhein-Westfalen. Hrsg. v. LVA Nordrhein-Westfalen. Düsseldorf.

Maasjost, L. (1969): Die Paderborner Hochfläche. Landschaftsführer des Westfälischen Heimatbundes. Münster.

Michels, H., N. Rodenkirchen und F. Herberhold (1952): Die Bau- und Kunstdenkmäler von Westfalen, 45. Bd. Kreis Brilon.

Müller-Wille, W. (1952): Westfalen. Landschaftliche Ordnung und Bindung eines Landes. Münster.

Müller-Wille, W. (1966): Bodenplastik und Naturräume Westfalens. Spieker 14. Münster.

Ringleb, A. (1957): Der Landkreis Brilon. Die Landkreise in Westfalen, Bd. 3. Köln–Graz.

Schmidt, H. (1967): Berichte und Quellen zur Geschichte des Amtes Niedermarsberg. Hrsg. v. Heimat- u. Verkehrsverein Niedermarsberg. Niedermarsberg.

Stadelmaier, R. (1971): Beiträge zur Geschichte Marsbergs. Hrsg. v. H. Klüppel und H. Schmidt. Marsberg.

Stoob, H. (1970): Doppelstädte, Gründungsfamilien und Stadtwüstungen im engrischen Westfalen. In: Stoob, H. (Hrsg.): Ostwestfälisch-Weserländ. Forschungen z. geschichtl. Landeskunde. Münster.

Stoob, H. (1981): Westfälischer Städteatlas. 2. Lieferung. Münster.

Walter, H. H. (1977): Zwergstädte im nordöstlichen Sauerland. Entstehung und Bedeutung. In: Spieker 25. Münster.

Walter, H. H. (1979a): Padberg. Struktur und Stellung einer Bergsiedlung in Grenzlage. Siedlung und Landschaft in Westfalen, H. 11. Münster.

Walter, H. H. (1979b): Siedlungsentwicklung und Landesplanung in ländlichen Gebieten, erläutert am Beispiel der Hoppecke-Diemel-Achse. In: Spieker 26. Münster.

Sauerland:

VON DER HOMERT ZUM ROTHAARKAMM

Günther Becker

Exkursionsverlauf

Eintägige Busexkursion, ca. 55 km

Karten:

Kreiskarte 1:50000 (Hrsg.: LVA NW), Nr. 14, Kreis Olpe, Regierungsbezirk Arnsberg (6. Auflage 1982).
Zu empfehlen sind die beiden das Exkursionsgebiet abdeckenden Wanderkarten 1:25000 „Finnentrop in den Naturparken Homert und Ebbegebirge" und „Lennestadt in den Naturparken Ebbegebirge, Homert und Rathaargebirge" (Hrsg.: LVA NW).
Geologische Karte von Nordrhein-Westfalen 1:25000 (Hrsg.: Geologisches Landesamt Nordrhein-Westfalen), Blatt 4813 Attendorn (Krefeld 1977) und Blatt 4814 Lennestadt (Krefeld 1977).

Einführung

Die Exkursionsroute verläuft in NW-SO-Richtung durch das östliche Südsauerland entlang einem Profil von ca. 23 km Länge senkrecht zum variskischen Streichen des paläozoischen Faltenrumpfs. Sie beginnt im Rönkhauser Lennetal, einem Durchbruchstal durch die Ebbe-Homert-Schwelle, quert die Attendorn-Elsper Senken und führt durch die Vorhöhenzone des Rothaargebirges auf dessen Kamm bei Oberhundem.

Im wellenförmigen Auf und Ab des Reliefbildes spiegeln sich die paläozoischen Großstrukturen des inneren Gebirgsbaus wider. Den variskisch angelegten Aufwölbungen der Ebbe-Homert-Schwelle und des Rothaargebirges entsprechen geologisch-tektonisch der Ebbesattel und die Rothaar-Sattelzone (Müsener Sattel). Dazwischen liegen die Attendorner Kalksenken, die geologisch eine Doppelmulde bilden. Die Großsättel und Großmulden lassen sich wieder in kleinere und kleinste Sättel und Mulden untergliedern.

Im einzelnen ist die Oberflächenformung stark durch den Härtewechsel der den Untergrund aufbauenden, bei der Einrumpfung des variskischen Faltengebirges gekappten Gesteinsschichten bestimmt. Schwer verwitternde Gesteine treten oft als ausgeprägte Vollformen in Gestalt von Höhenrücken, markanten Härtlingszügen und Stellkuppen In Erscheinung. Welchere, wenlger verwltterungsbeständige und leichter ausräumbare Gesteine erleichterten bei der im Mitteltertiär einsetzenden Emporwölbung des Gebirges die Erosion und begünstigten damit die Bildung von Tälern und Senken, doch folgen Täler teils auch tektonischen Störungszonen, wie z. B. das Lennetal bei Rönkhausen.

Die Lenne fließt ab Altenhundem quer zur generellen variskischen Streichrichtung der Sättel und Mulden und damit auch der Gesteinsschichten in

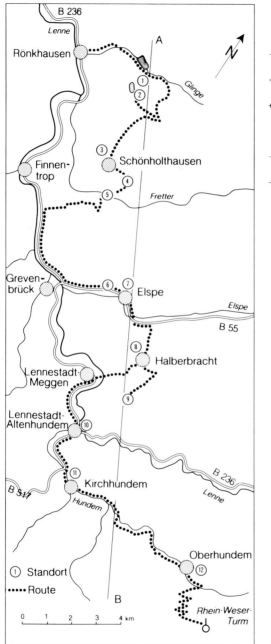

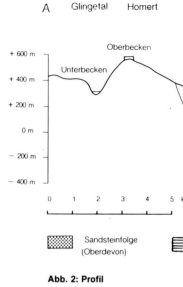

A   Glingetal   Homert

Oberbecken

Unterbecken

+ 600 m
+ 400 m
+ 200 m
0 m
− 200 m
− 400 m

0   1   2   3   4   5 k

Sandsteinfolge
(Oberdevon)

Abb. 2: Profil

B 236
Lenne
Rönkhausen
A
Glinge
Finnen-
trop
Schönholthausen
Fretter
Greven-
brück
Elspe
Elspe
B 55
Halberbracht
Lennestadt-
Meggen
Lennestadt-
Altenhundem
Kirchhundem
B 517
Hundem
B 236
Lenne
Oberhundem
Rhein-Weser-
Turm

① Standort
•••• Route

0   1   2   3   4 km

B

Abb. 1: Routenskizze

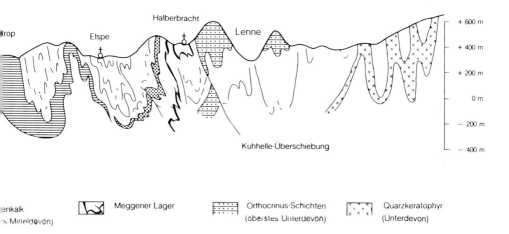

NW-Richtung entsprechend der Abdachung des Sauerländisch-Bergischen Gebirges. Erklären läßt sich die Fließrichtung nur, wenn man annimmt, daß die Lenne ab Altenhundem ein antezedentes Tal benutzt, also bereits vor der tertiären Aufwölbung des nordöstlichen Schiefergebirges existierte.

Die Bodenplastik prägt großräumig wie kleinräumig das Bild der Kulturlandschaft. Siedlung, Wirtschaft und Verkehr sind in den waldfreien Tälern und in Senken konzentriert, während die Höhenlagen ab etwa 400 m nahezu ganz bewaldet sind und nur kleine Rodungsinseln aufweisen. Hauptleitlinie des Verkehrs ist das Lennetal, in dem an der bereits 1861 in Betrieb genommenen Ruhr-Sieg-Eisenbahn (Hagen–Siegen) mit Finnentrop, Grevenbrück, Lennestadt-Meggen und Lennestadt-Altenhundem die größten Siedlungen des östlichen Kreises Olpe liegen.

Routenbeschreibung

Das Pumpspeicherwerk Rönkhausen

Auf der B 236 nach Rönkhausen; an der Kirche abbiegen in Richtung Glinge; durch das Glingetal am Gelände der 1895 stillgelegten Rönkhauser Hütte vorbei zum Unterbecken des Pumpspeicherwerks Rönkhausen.

1. Unterbecken

Ein Pumpspeicherwerk ist ein Wasserkraftwerk, in dem Überschußenergie aus anderen Kraftwerken dazu verwandt wird, Wasser in einen Hochspeicher zu pumpen, um es in Zeiten starken Energiebedarfs wieder zur Stromerzeugung einzusetzen. Pumpspeicherwerke nutzen beträchtliche Höhenunterschiede und sind deshalb besonders in Gebirgsräumen rationell zu betreiben.

Das Pumpspeicherwerk Rönkhausen wurde von der Elektromark (Kommunales Elektrizitätswerk Mark AG) gebaut, die das märkische Sauerland mit Strom versorgt. Es ist seit 1969 in Betrieb und deckt die Spitzenlast im Stromversorgungsnetz der Elektromark. Installierte Leistung: 140 MW. Baukosten: 75 Mio. DM.

Das Unterbecken entstand durch Aufstau des Glingebachs. Es hat einen Nutzinhalt von 1,08 Mio. m³. Die maximale Wasserfläche beträgt 12,26 ha, die Spiegelschwankung 12,2 m. Der Sperrdamm, ein Felsschüttdamm, ist 27 m hoch, die Dammkrone 225 m lang. Das Einzugsgebiet des Unterbeckens ist nur 8,2 km² groß, zeichnet sich aber durch relativ hohe mittlere Jahresniederschläge bis ca. 1200 mm aus. Die mittlere Wasserführung der Glinge beträgt an der Sperrstelle rd. 120 l/sec.

Etwa 550 m oberhalb des Staudamms liegt am Südufer des Unterbeckens links der Straße zum Oberbecken das Krafthaus, ein zylinderförmiges, unterirdisches Schachtbauwerk. Erstmals in Deutschland hat man in Rönkhausen statt der bis dahin in Pumpspeicherwerken üblichen Aggregate mit getrennten Pumpen und Turbinen sog. Pumpenturbinen verwandt. Sie arbeiten in einer Drehrichtung als Pumpen, in der anderen als Turbinen. Auch die mit einer Pumpenturbine auf einer Achse sitzenden Generatoren arbeiten in beiden Drehrichtungen, dienen bei Pumpenbetrieb also als Elektromotoren.

Durch den auf Kote 277 rund 28 m unter dem maximalen Wasserspiegel des Unterbeckens in das Krafthaus einmündenden 936 m langen unterirdischen Druckstollen (Durchmesser 3,6 m) wird während der Nacht aus dem Unterbecken eine Wassermenge bis zu 44 m³/sec über einen Höhenunterschied von 274 m in das Oberbecken auf dem Dahlberg gepumpt.

Oberhalb des Unterbeckens verengt sich das Glingetal zu einem steilhängigen bewaldeten Kerbtal. In ca. 480 m Höhe ü. NN erreicht die Straße die Wasserscheide Glinge/Fretter auf der Schliprüthener Homert. Ca. 100 m westlich des Abzweigs nach Schönholthausen erster umfassender Fernblick nach Süden in die Fretter-Senke und über eine parallele Staffel variskisch streichender, bewaldeter Höhenzüge bis zum rund 22 km entfernten Rothaarkamm. Gut 1 km weiter ein Parkplatz, von dem aus man in wenigen Minuten die Dammkrone des Oberbeckens auf dem Dahlberg erreicht.

2. Dammkrone des Oberbeckens

Der 18 m hohe Ringdamm des Oberbeckens auf dem Dahlberg wurde aus dem Abtragungsmaterial der Bergkuppe aufgeschüttet. Dammkronenlänge: 1292 m. Das Becken hat einen Nutzinhalt für rd. 1. Mio. m³ Wasser; das entspricht bei einer mittleren Fallhöhe von 266 m einer Energiemenge von 630 MW/h. Die maximale Wasserfläche beträgt 9,65 ha, die Spiegelschwankung 12,1 m.

Bei guter Fernsicht hat man vom Rundweg auf der Dammkrone des Oberbeckens (574 m) einen umfassenden Rundblick über die vielförmig zerschnittene

Rumpfflächenlandschaft des südlichen Sauerlandes von der Wildewiese-Homert im Norden bis zum Rothaarkamm im Süden, vom Hohen Ebbe im Westen bis zur Hunau im Osten.

In Südrichtung ist im Vordergrund ein Teil der ca. 250 m tiefer liegenden Kalksenke von Fretter zu sehen, die sich nach SW jenseits des Lennetals in der Kalksenke von Attendorn fortsetzt. Türme auf einigen Höhen erleichtern die Identifizierung verschiedener Höhenzüge und Einzelberge. In etwa ssö Richtung steht in 12 km Entfernung ein Funkturm auf der Kuhhelle (603 m), dem westlichen Eckpfeiler des aus harten Tonschiefern und Siltsteinen der unterdevonischen Orthocrinusschichten aufgebauten Höhenzugs rechts der oberen Lenne (Saalhauser Berge); unterhalb der Kuhhelle das Höhendorf Halberbracht. Einen markanten Fixpunkt bildet etwas rechts davon der 9 km entfernte, aus relativ harten Kieselschiefern des Unterkarbons (Dinantium) bestehende Weilenscheid (481 m), ein Rückenberg jenseits der Elsper Senke, mit einer Wallanlage der jüngeren vorrömischen Eisenzeit. Genau dahinter in derselben Richtung die Töte (543 m, Orthocrinusschichten) bei Altenhundem als westlichste Erhebung des Höhenzugs zwischen oberer Lenne und Hundem. Er hat seine Fortsetzung im Höhenzug Hohe Bracht/Fahlenscheid; die Hohe Bracht (584 m) ist an dem auf ihr stehenden Aussichtsturm leicht zu erkennen. Den Horizont bildet im SO der Rothaarkamm, auf dem in genau sö Richtung auf der Hohen Hessel (743 m) ein Funkturm steht. Nach S reicht der Blick bis zur Wasserscheide Ruhr/Sieg, die weitgehend mit der heutigen Kreisgrenze Olpe/Siegen-Wittgenstein und der früheren Territorialgrenze Herzogtum Westfalen (kurkölnisches Sauerland) / Grafschaft Nassau-Siegen zusammenfällt.

Beim Blick in WSW-Richtung bieten die Sendemasten auf der 663 m hohen Nordhelle, der höchsten Erhebung des Ebbegebirges, eine gute Orientierungsmöglichkeit.

Nach N blickt man über die Glingeschlucht hinweg auf den breiten bewaldeten Hochrücken der aus Gesteinen des Obersten Unterdevons und des Mitteldevons aufgebauten Wildewiese-Homert. Genau in Nordrichtung die Rodung um die Höhensiedlung Wildewiese mit dem Skigelände (Flutlichthang) am Schomberg (648 m). Der heutige Erholungs- und Wintersportort Wildewiese zieht besonders im Winter viele Kurzurlauber aus dem Ruhrgebiet an.

Im späten Mittelalter bestand er aus einem Lehnshof der Grafen von Arnsberg und einer Ansiedlung von Bergleuten, die in der Umgebung Eisenerz für die Endorfer Hütte förderten. Rund 2 km entfernt im Osten die kleine, erst 1829 angelegte Waldarbeitersiedlung Wörden. Neben dem Bergbau wurde in der Homert bis ins 19. Jh. eine umfangreiche Köhlerei betrieben. Sie versorgte die Eisenhütten und Hammerwerke der Umgebung mit Holzkohle, führte aber auch zu einer starken Waldverwüstung. In den letzten 150 Jahren haben Fichtenforsten den Laubwald mehr und mehr zurückgedrängt. Der Wald ist überwiegend in bäuerlichem Besitz. – Die Homert gehört seit 1965 zu dem nach ihr benannten Naturpark.

Vom Parkplatz am Oberbecken ca. 1,2 km zurück bis zur Straßengabelung; hier rechts ab nach Schönholthausen.

3. Kirchdorf Schönholthausen

Das Kirchdorf Schönholthausen liegt am Nordrand der Fretter-Senke, die mit ihrer bis Attendorn reichenden südwestlichen Fortsetzung den nördlichen der beiden variskisch streichenden Senkenzüge der Attendorn-Elsper Kalksenken bildet. Die Pfarrkirche von Schönholthausen (1732/36 erbaut; romanischer Westturm) steht an der Stelle einer vermutlich im 11., vielleicht auch schon im 10. Jh. errichteten Eigenkirche des Stiftes Herford, das im Südsauerland eine größere, als „Amt Schönholthausen" bezeichnete Villikation besaß. Der Pfarrbezirk Schönholthausen umfaßte bis Ende des 19. Jh. die Orte der Fretter-Senke und des Lennetals von Bamenohl bis Rönkhausen.

Geologisch liegt Schönholthausen noch auf kalkhaltigen Sand- und Silsteinen der Newberrien-Schichten des Mitteldevons. Sie bilden hier das Liegende des Massenkalks. Seine Nordgrenze verläuft vom südlichen Ortsrand Schönholthausens onö in Richtung Ostentrop.

Auf der Fahrt von Schönholthausen nach Ostentrop und weiter nach Frettermühle bietet sich an verschiedenen Stellen (wie z. B. beim Feldkreuz in der Straßenkurve vor Ostentrop) die Möglichkeit, einen Überblick über die Massenkalkfläche der Fretter-Senke zu gewinnen und einzelne Karstphänomene zu beobachten.

4. Massenkalksenke

Mit dem Namen Massenkalk werden die devonischen massigen bis dickbankigen organogenen Riffkalksteine im nordöstlichen Rheinischen Schiefergebirge bezeichnet. Der Massenkalk der Attendorn-Elsper Senken geht auf ein etwa 100 km^2 großes und bis zu 950 m mächtiges Atoll (Korallenriff) im tropisch warmen Meer der ausgehenden Mitteldevonzeit zurück. Infolge der Löslichkeit durch kohlensäurehaltiges Regen- und Grundwasser und seiner Klüftigkeit weist der Massenkalk typische ober- und unterirdische Karsterscheinungen auf wie Regenrillen und ausgewaschene Spalten in freistehenden Kalkfelsen, Dolinen, Bachschwinden und Höhlen.

Die Massenkalkfläche der Fretter-Senke liegt im Mittel etwa 320 m über NN. Sie ist durch wannenartige Trockentäler, die im Vorpleistozän angelegt worden sind und sich im Pleistozän vertieft haben, in einzelne Platten zerschnitten. Der Fretterbach durchfließt den Massenkalk in einem scharfkantig eingeschnittenen Längstal mit steilen, klippigen Talwänden.

Die Massenkalkfläche ist fast gänzlich entwaldet und wird bis auf die wenigen Waldstücke und jüngeren Aufforstungen landwirtschaftlich als Acker- und Grünland genutzt. Große Teile sind von Parabraunerden, teils auch von Braunerden bedeckt, die aus entkalktem, teilweise solifluktiv umgelagertem Lößlehm hervorgegangen sind. Die Parabraunerden haben teilweise eine Mächtigkeit von mehr als 2 m. Mit Bodenwertzahlen bis zu 70 gehören sie zu den ertragfähigsten Böden im südlichen Sauerland.

Im lößlehmfreien Bereich des Massenkalks besteht die Bodendecke aus meist mittelgründigen Braunerden. Rendzinen und ihre Übergangstypen zur Brauner-

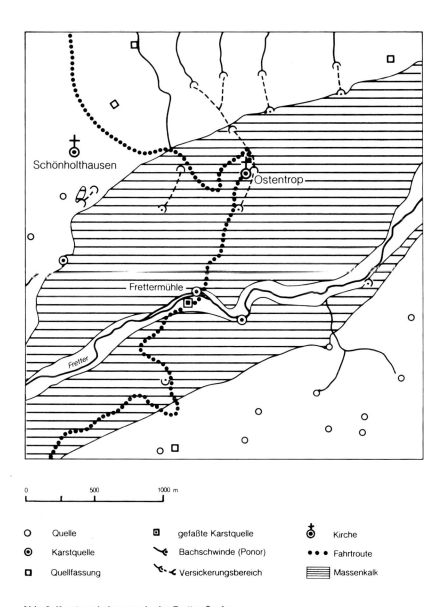

Schönholthausen

Ostentrop

Frettermühle

Fretter

0   500   1000 m

○	Quelle	⊡	gefaßte Karstquelle	⚲	Kirche
⊙	Karstquelle	⤙	Bachschwinde (Ponor)	•••	Fahrtroute
◻	Quellfassung	⤙	Versickerungsbereich	▤	Massenkalk

Abb. 3: Karsterscheinungen in der Fretter-Senke

71

de kommen auf Rucken, in stärker hängigen Lagen und auf den Kalksteinfelsen der Talränder vor. Die Rendzinen sind ausgesprochene Trockenstandorte und werden teilweise nur als extensive Weide genutzt. Häufig sind sie sehr steinig und von Felsrippen durchsetzt. Waldvorkommen sind fast durchweg an solche Geländepartien gebunden.

Das Wasser der aus dem Bereich des Schiefergebirges kommenden Bäche versickert teils schon bei deren Eintritt in das Kalkgebiet in Schlucklöchern (Ponoren), Dolinen und Klüften. Bei Schönholthausen, Ostentrop und Fretter gibt es eine größere Zahl „totaler" Versickerungsstellen (vgl. die Abb. S. 71). Ein Schluckloch, in dem die aus der Homert kommende Koltermecke versickert, liegt zwischen dem Sportplatz östlich Schönholthausen und der Straße Schönholthausen–Ostentrop.

5. Frettermühle

Von Ostentrop durch ein Trockental nach Frettermühle ins Frettertal. In dem rechts der Straße hinter einem kleinen Waldstück liegenden Steinbruch, in dem jetzt ein Haus steht, sind verbogene Bänke des Massenkalks zu sehen.

In Frettermühle vor der Brücke über die Fretter rechts der Straße eine Karstquelle mit mehreren Quellaustritten. Sie stehen mit Bachschwinden in Ostentrop und östlich von Schönholthausen in Verbindung. Links der Fretter an der Straße zum Bahnhof Deutmecke eine gefaßte Karstquelle (Wassergewinnungsanlage Schönholthausen/Frettermühle). Eine weitere starke Karstquelle entspringt 350 m östlich des Wirtshauses jenseits des alten Bahndamms.

An den einst im Frettertal betriebenen Kalksteinabbau erinnern mehrere kleine Steinbrüche bei Frettermühle, in denen u. a. Schottermaterial für den Straßenbau gewonnen wurde. Als Baustein ist Kalk aus einem Steinbruch bei Frettermühle 1948 beim Bau der Ostentroper Kirche verwandt worden. Das letzte Kalkwerk des Frettertals stand bei Fretter. Es wurde 1970 stillgelegt.

Auf dem Gelände des ehemaligen Deutmecker Bahnhofs ein Sägewerk, eines von insgesamt 9 Sägewerken in der Fretter-Senke. Ihre Rohstoffgrundlage haben sie in den Fichtenforsten der Homert.

Über die Trasse der stillgelegten Frettertalbahn in Richtung Weringhausen/ Bamenohl durch das im unteren Abschnitt bachlose Tal der Mißmecke auf die Massenkalkfläche südlich der Fretter. Bei Weringhausen rechts der Straße ein 1958 aufgelassener Kalksteinbruch, der zu einem Kalkwerk in Bamenohl gehörte. In Bamenohl beim Schloß (Adelssitz des 15. Jh.) auf die B 236; dann in Richtung Lennestadt–Grevenbrück durch das Lennetal. Am gegenüberliegenden Talhang jenseits der Bahnstrecke Hagen–Siegen die steilen Wände aufgelassener Kalksteinbrüche, die schon im Kalksenkenzug von Helden–Elspe liegen.

Kurz vor Grevenbrück im dolomitisierten Massenkalk der letzte im südlichen Sauerland noch in Abbau stehende Kalksteinbruch. Er gehört zu den Grevenbrücker Kalkwerken, die seit 1968 im Besitz der Dolomitwerke GmbH Wülfrath sind. In einer Aufbereitungsanlage im Steinbruch wird der Dolomitstein in alle Korngrößen zerkleinert. Abnehmer sind die Eisen- und Stahlindustrie, die chemische Industrie, die Baustoffindustrie und das Baugewerbe.

Vor Grevenbrück an der Ampelanlage von der B236 auf die B55 überwechseln. Auf der B55 nach Elspe durch das untere Elspetal. Es liegt in einer Gesteinszone aus relativ leicht ausräumbaren Kulm- und Namur-Tonschiefern. Rechts der in seinem oberen Teil aus recht widerständigen Kieselschiefern bestehende Rückenberg des Weilenscheids (481 m) mit einem latènezeitlichen Ringwall.

Elspe – Wandlungen eines Kirchdorfes an alten Straßen

6. Freilichtbühne Elspe und NSG Rübenkamp

Nach ca. 1,4 km Fahrt auf der B55 nach links abbiegen in die Straße zur Freilichtbühne Elspe, die schon von weitem an ihrem an Pylonen aufgehängten Zeltdach zu erkennen ist.

Bekanntgeworden ist die Freilichtbühne, deren Träger die aus einem Theaterverein hervorgegangene Naturbühne Elspe e. V. ist, durch die in jedem Sommer vor der Felskulisse des Elsper Kalkplateaus aufgeführten Karl-May-Spiele (jährlich ca. 400 000 Besucher).

Unmittelbar hinter dem Bühnengelände das auf einem Wanderweg erreichbare Naturschutzgebiet Rübenkamp, ein blumenreicher Kalk-Halbtrockenrasen mit Wacholderstauden auf einem verkarsteten, klippenreichen Bergrücken aus dolomitisiertem Massenkalk und oberdevonischem Cephalopodenkalk. Am Wanderweg über den Rübenkamp ein vorgeschichtlicher Grabhügel. Die Wacholdertrift des Rübenkamps ist sekundär entstanden, wahrscheinlich nach Abholzung des ursprünglich dort vorhandenen Buchenwaldes und nachfolgender Beweidung mit Schafen.

Das Gelände der Freilichtbühne und ihre Umgebung demonstrieren einen Konfliktfall zwischen Interessen des Naturschutzes und einer auf Massenbetrieb ausgerichteten Freizeiteinrichtung.

Unterhalb des Bühnengeländes ein größeres neues Wohngebiet; an dessen Westgrenze auf der Karl-May-Straße wieder zur B55 und auf dieser nach links in Richtung Ortskern Elspe. Hinter der Häuserzeile an der rechten Straßenseite in der Talaue ein junges Gewerbegebiet.

7. Ortskern Elspe mit Marktplatz und Kirche

Die ackerbaufreundlichen Böden (basenreiche Hochflächen-Löß- und Hanglehme) und das gegenüber den höhergelegenen Teilen des südlichen Sauerlandes relativ milde und relativ trockene Klima der Elsper Senke (Jahresmitteltemperatur ca. 8° C; 930 mm Niederschlag) begünstigten eine frühe dauerhafte Besiedlung. Sie ist durch einen sächsischen Friedhof des 8. Jh. bei Hespecke archäologisch belegt.

In karolingisch ottonischer Zeit (9./10. Jh.) wurde in Elspe ein Königshof gegründet, zu dem eine Kapelle gehörte, die wahrscheinlich oberhalb des heutigen Marktplatzes an der Stelle der jetzigen Pfarrkirche (Hallenkirche des 13. Jh.) gestanden hat. Elspe lag im Mittelalter und in der frühen Neuzeit an zwei bedeutenden, vermutlich bereits vorgeschichtlichen Fernwegen, die die Elsper Senke als natürliche Leitlinie benutzten: der von Köln über Attendorn in W-O-Richtung durch das Sauerland nach Korbach und Kassel führenden Heidenstraße und dem sog. Römerweg, der den Bonner Raum mit dem östlichen Hellweggebiet verband. Die Heidenstraße, an der die sauerländischen Urpfarrorte Attendorn, Wormbach und Medebach liegen, wurde im Jahr 1000 von Kaiser Otto III. benutzt. Einer von ihm bei dieser Gelegenheit ausgestellten Urkunde verdanken Elspe und das nahe Oedingen, daß sie als erste Orte des Südsauerlandes schriftlich bezeugt sind.

Schon im 10. Jh. war Elspe kirchliches Zentrum einer von der Fretter-Senke bis ins Veischedebergland reichenden Stammpfarrei, die noch im Laufe des Mittelalters in mehrere Tochterpfarreien zerfiel. Noch heute ist Elspe namengebender Ort eines Dekanats. Das Patrozinium St. Jakobus d. Ä. der Elsper Kirche erinnert an die Lage des Ortes an den auch als Pilgerwege benutzten Fernstraßen.

Der Grundriß des Dorfkerns mit der geradlinigen Führung der Dorfstraße („Bielefelder Straße", B 55) geht auf einen Wiederaufbauplan nach einem Dorfbrand (1805) zurück. Auf dem Marktplatz wurde bis ins vorige Jahrhundert ein Jahrmarkt („Jakobimarkt") abgehalten.

Von maßgeblicher Bedeutung für die Entwicklung des Dorfes im 19. und 20. Jh. war seine Lage an der 1825/27 durch den preußischen Staat gebauten Militäretappenstraße Minden–Koblenz, in den Wertschätzungsverhandlungen zum Urkataster von 1832 „die Hauptstraße zwischen Rhein und Weser" genannt. Sie entspricht auf dem Abschnitt Olpe–Wiedenbrück der heutigen B 55 und war die erste Kunststraße, die durch den Osten des Kreises Olpe führte.

Während die Fretter-Senke auch nach dem Bau der Frettertalbahn immer in einer verkehrsgeographischen Abseitslage verblieb, konnte Elspe sich den Vorteil einer guten Anbindung an das nach dem Bau der Ruhr-Sieg-Bahn (1861) industriell aufstrebende Lennetal zunutzemachen. Sichtbarer Ausdruck der Orientierung auf die Siedlungskonzentration im Lennetal mit ihren Arbeitsplätzen im sekundären und tertiären Sektor ist die fortschreitende Siedlungsverdichtung entlang der B 55 unterhalb Elspe in Richtung Trockenbrück.

Die Landwirtschaft, die bis um die Mitte des 20. Jh. noch stark das Erscheinungsbild des Dorfes bestimmte, ist im Ort selbst noch mit zwei Betrieben vertreten; fünf Betriebe sind ausgesiedelt worden.

Elspe nimmt heute Aufgaben in der Grundversorgung der Orte des Elspetals wahr. Ladengeschäfte und andere private Dienstleistungsbetriebe konzentrieren sich in der Ortsmitte und im Unterdorf an der B 55.

Weiterfahrt von Elspe in Richtung Oedingen; in der Kurve am östlichen Ortsende links ein preußischer Meilenstein aus der Bauzeit der Koblenz-Mindener-Chaussee. 500 m weiter nach rechts abbiegen und durch das Bermketal nach Halberbracht bis zur Schützenhalle.

Halberbracht – Vom Bergmannsdorf zum Höhenurlaubsort

8. Stollenmundloch gegenüber der Schützenhalle

Das nicht mehr benutzte Stollenmundloch beim ehemaligen Zechenhaus (jetzt Wohnhaus) gegenüber der Schützenhalle und der etwas oberhalb stehende Wetterschacht („Baroschacht") machen auf den im Raum Meggen-Halberbracht noch ausgeübten Erzbergbau der Firma Sachtleben GmbH aufmerksam. Sie sind in Halberbracht neben einigen Abraumhalden die letzten noch auffallenden Zeugen bergbaulicher Tätigkeit. Die Sachtleben GmbH fördert heute nur noch in Meggen. Die Meggener Erzlagerstätte hat sich in einer flachen Wanne des Mitteldevonmeers gebildet, in die Erzlösungen aus einem in der Tiefe steckenden Magmenkörper eindrangen. Der Gesamtvorrat des „Meggener Lagers" betrug vor dem Einsetzen des Abbaus nach der Mitte des 19. Jh. ca. 60 Mio. t Erz, von denen ca. 50 Mio. t auf Schwefelkies-Zinkblende-Bleiglanzerz (40 % Schwefelkies, 9–10 % Zinkblende, 1–1,5 % Bleiglanz) entfielen, ca. 10 Mio. t auf Baryt (Schwerspat). Die Jahresförderung belief sich in den letzten Jahren auf ca. 1 Mio. t Roherz. Die Erzvorräte werden wahrscheinlich in einigen Jahren erschöpft sein. Das Barytlager ist bereits abgebaut. Das geförderte Erz wird nach einer naßmechanischen Aufbereitung und einer Zerkleinerung in einer 1963 in Betrieb genommenen Flotationsanlage in Meggen zu ZnS-, PbS- und FeS_2-Konzentraten angereichert. Sie gehen hauptsächlich zur Bleihütte nach Nordenham, zur Zinkelektrolyse nach Datteln und zur Schwefelsäureanlage nach Homberg/Ndrh. Am 30. 9. 1984 umfaßte die Belegschaft 780 Arbeitskräfte, von denen 356 unter Tage beschäftigt waren.

Die 1279 erstmals urkundlich bezeugte Siedlung Halberbracht (um 440 m ü. NN) hat ihren Ursprung in einer ausbauzeitlichen Rodung des 10./11. Jh. Der Namensbestandteil -bracht bedeutet „durch Grenzzeichen abgestecktes und privatisiertes Rodungsstück in einem Waldbezirk". Orte dieses Namentyps (oft abgewandelt zu -bert, -pert, -mart, -mert) sind besonders im äußersten Norden des Südsauerlandes im Gebiet des Kobbenroder Riegels und der Ebbe-Homert-Schwelle verbreitet. Zur Zeit der Urkatasteraufnahme bestand der Ort aus zwei Gehöftgruppen im Bereich der Straßenkurve vor der Schützenhalle und bei der Kirche. Das noch bis in die 50er Jahre vorwiegend von Bergbaubeschäftigten und ihren Familien bewohnte Unterdorf entstand erst im 20. Jh. 1978 arbeiteten noch rund 100 Einwohner Halberbrachts bei der Firma Sachtleben. In den letzten 15 Jahren hat sich das am Fuß der 603 m hohen Kuhhelle gelegene Dorf zu einem wachsende Gästezahlen verzeichnenden Ferien- und Wintersportort entwickelt.

9. Aussichtspunkt Kuhhelle

Vom Ortszentrum über die Hasterbergstraße durch das Oberdorf zum ausgeschilderten Wanderparkplatz.

Vom Wanderparkplatz an der Straße von Halberbracht nach Weißenstein führt ein kombinierter Waldlehr- und Landschaftspfad mit Tafelinformationen über Halberbracht und den dort betriebenen Bergbau in etwa ½ Stunde zu einer Schutzhütte an der Kuhhelle. Auf deren höchstem Punkt ein Funkturm. Von der Schutzhütte hat man einen guten Überblick über Halberbracht und das Lennetal bei Meggen und Maumke mit dem Betriebsgelände der Fa. Sachtleben. Nach Norden reicht der Blick über die Attendorn-Elsper Senken bis zur Ebbe-Homert-Schwelle.

Die Kuhhelle besteht aus höhenbildenden Tonschiefern und rauhen, harten Siltsteinen der unterdevonischen Orthocrinusschichten, die hier ca. 200 m auf das nördliche Vorland überschoben sind (Kuhhelle-Überschiebung). 1 km wsw der Kuhhelle die aus gleichen Gesteinen bestehende Vorkuppe der Kahle, auf der sich eine latènezeitliche Befestigung befindet.

Von Halberbracht auf der L 715 nach Meggen ins Lennetal zurück. Ca. 1 km unterhalb Halberbracht das Gelände der ehemaligen Grube Philippine mit dem Verwaltungsgebäude der Sachtleben GmbH. In Meggen nach Überquerung der Lenne auf der B 236 in Richtung Altenhundem. Zwischen Meggen und Altenhundem links der kanalisierten Lenne ein Schulzentrum und das Hallenbad der Stadt Lennestadt. Ursprünglich sollte in diesem Bereich auch das jetzt in Altenhundem stehende Rathaus der 1969 gebildeten Stadt seinen Standort finden. Nach Überquerung der Eisenbahn in gerader Richtung auf der B 517 bis zum Banhofsvorplatz in Altenhundem.

Siedlungen des Hundemtales

10. Altenhundem – Mittelzentrum in enger Tallage

Kurzer Rundgang durch den Ortskern vom Marktplatz zum Rathaus; Rückweg über die untere Helmut-Kumpf-Straße und Hundemstraße zum Ausgangspunkt.

Drei Besonderheiten prägen das Erscheinungsbild Altenhundems: das nahezu die gesamte Hundemtalsohle westlich der Hundemstraße einnehmende Bahngelände, eine bis zu den Waldrändern reichende Hangbebauung hauptsächlich mit Wohnhäusern und eine starke bauliche Verdichtung und Überhöhung des Geschäftszentrums in der Ortsmitte.

Altenhundem verdankt seinen Aufstieg vom kleinen Bauerndorf mit 41 Häusern und 329 Einwohnern im Jahr 1817 zum leistungsstarken Mittelzentrum des östlichen Kreises Olpe (Landesentwicklungsplan I/II) der Lage an der Vereinigung der verkehrsleitenden Täler von Lenne und Hundem.

Ein starker Entwicklungsimpuls ging von der Inbetriebnahme der Ruhr-Sieg-Eisenbahn 1861 aus. Mit dem Bau der nach dem 2. Weltkrieg stillgelegten Eisenbahnen Altenhundem–Schmallenberg–Wennemen (1887/1911) sowie der Strecke Altenhundem–Erndtebrück (1914) wurde Altenhundem Eisenbahnknotenpunkt und Verschiebebahnhof mit einer Lokstation für den Schiebedienst auf dem stark ansteigenden Streckenabschnitt von Altenhundem bis zum Welschen-Ennester Tunnel. Der daraus resultierende Flächenbedarf hatte eine nahezu völlige Inanspruchnahme der Hundemtalaue durch die Bahn zur Folge. Die Elektrifizierung der Ruhr-Sieg-Strecke um 1965 und Rationalisierungsmaßnahmen der Bundesbahn haben die Aufgaben des Bahnhofs Altenhundem so stark reduziert, daß ein Großteil des Bahngeländes heute ungenutzt liegt, ohne daß bisher eine Ersatznutzung gefunden worden wäre.

Die starke Zunahme der Bahnbeschäftigten ließ vor allem ab etwa 1880 die Einwohnerzahl sprunghaft ansteigen und machte Altenhundem zum einwohnerreichsten Ort in der Osthälfte des Kreises Olpe (1873: 1151 Einw., 1925: 3690 Einw., 1962: 4829 Einw.). Wegen des knappen Baugrunds auf der teils hochwassergefährdeten Talsohle mußte die Wohnbebauung schon früh auf die Talhänge ausweichen. Selbst öffentliche Einrichtungen – wie vier Schulen, darunter zwei Gymnasien, und das Krankenhaus – haben dort ihren Standort gefunden.

Die verkehrsgünstige Lage Altenhundems und seine starke Bevölkerungszunahme förderten die Entwicklung zu einem Ort mit mittelzentralen Funktionen vor allem im Bereich des Einzelhandels und privater Dienste. Das Fehlen eines voll leistungsfähigen Mittelzentrums im Osten des Kreises Olpe und die dadurch mitbedingte Strukturschwäche dieses Gebietes war Anfang der 60er Jahre Anlaß, eine städtebauliche Sanierung des Ortskerns in die Wege zu leiten. Sie wurde nach der Gründung der Stadt Lennestadt (1969) in ein umfassendes Standortprogramm integriert, das Altenhundem zum Verwaltungs- und Versorgungszentrum der neuen Stadt (135 km² Gebietsfläche; 27 000 Einw. in 48 Ortschaften) bestimmte. Seit 1984 hat die bis dahin in Grevenbrück residierende Stadtverwaltung ihren Sitz im neuen Rathaus an der Helmut-Kumpf-Straße. Die Sanierungsmaßnahmen werden in einigen Jahren abgeschlossen sein. Sie haben die Leistungskraft Altenhundems als Versorgungszentrum für Lennestadt und die Gemeinde Kirchhundem mit insgesamt ca. 40 000 Menschen erheblich gestärkt. Die planerische Lösung und architektonische Bewältigung des Problems, auf engbegrenztem Raum eine Vielzahl unterschiedlicher tertiärer Einrichtungen zu konzentrieren, ist jedoch nicht unumstritten.

Von Altenhundem zunächst auf der B 517 am Bahngelände entlang nach Kirchhundem; an der Einschwenkung der Straße ins Olpetal nach links abbiegen auf die L 553 in Richtung Ortsmitte Kirchhundem; Parkmöglichkeiten beim Rathaus oder am Bahnhofsweg.

11. Kirchhundem – Verwaltungsort im Nahbereich eines Verkehrszentrums

Kirchhundem ist der alte kirchliche Mittelpunkt des mittleren und unteren Hundemgebietes. Pfarrkirche von 1915/17 aus rotem, bei Würdinghausen gebrochenem Keratophyr; ein Teil des Vorgängerbaus von 1470 mit Westturm ist erhalten.

Im Vollzug der Kommunalreform von 1841 wurde Kirchhundem Sitz einer Amts- und Gemeindeverwaltung. Seit der kommunalen Neugliederung von 1969 ist der Ort Verwaltungszentrum der gleichnamigen Gemeinde, deren Gebiet nahezu mit dem Einzugsgebiet der Hundem deckungsgleich ist. Mit dem Ausbau des Verkehrsnetzes seit der Mitte des 19. Jh. machten sich die Standortnachteile des historischen Zentralorts trotz seiner Funktion als Verwaltungs- und Amtsgerichtssitz gegenüber dem ebenfalls zur politischen Gemeinde gehörenden Ort Altenhundem immer mehr bemerkbar, so daß der Kirchort auf die Dauer nur Einrichtungen der Grundversorgung an sich binden konnte. Entsprechend gering war auch die Bevölkerungszunahme (1871: 413 Einw., 1961: 1368 Einw.). Im Landesentwicklungsplan I/II des Landes NRW von 1979 ist Kirchhundem als Grundzentrum mit 10 000 bis 25 000 Einwohnern im Versorgungsbereich ausgewiesen.

Von Kirchhundem auf der L 553 durch das Hundemtal aufwärts nach Oberhundem. Die Straße führt durch den Norden einer kleinen, im Hundemtal bis auf 300 m ü. NN ausgeräumten Gebirgskammer („Hundemgrund"), die von 500 bis über 600 m hohen Waldbergen des Oberlenneberglands (im N und W) und der westlichen (Rüsper) Rothaar (im O uns S) umgeben ist. Der Untergrund besteht aus unterdevonischen Schiefern, in die submarine Keratophyr-

tuffe und Quarzkeratophyre eingeschaltet sind. Die im Bereich der Rothaar-
schwelle liegende Ausraummulde zeichnet sich im Bereich des Alten Feldes
zwischen Kirchhundem und Würdinghausen durch relativ ackerbaugünstige
Böden und Niederschläge von weniger als 1000 mm aus. Die Besiedlung reicht
in diesem Teil in die Zeit um oder vor 900 zurück. Halt am Parkplatz an der
Adolfsburg in Oberhundem.

12. Oberhundem – Luftkurort im Rothaargebirge

Am Westeingang des Dorfes liegt oberhalb einer Kläranlage die in den 1670er
Jahren von dem Freiherrn und Domherrn Johann Adolf von Fürstenberg, einem
Bruder des Paderborner und münsterschen Fürstbischofs Ferdinand II., als
Jagdschloß erbaute Adolfsburg. Das in Gefahr des Verfalls stehende, seit 1959
unbewohnte Bauwerk war bis zu seinem Verkauf 1984 fürstenbergischer Besitz.
(Die im kölnischen Amt Bilstein vielerorts begüterte Familie von Fürstenberg
hatte von 1556 bis 1802 das Drostenamt auf Burg Bilstein inne.) Im Rahmen einer
Totalrenovierung sollen unter Wahrung der äußeren Gestalt in der Adolfsburg
rund 50 Appartements, Dauer- und Ferienwohnungen entstehen.

Für eine halbstündige Ortsbesichtigung empfiehlt sich folgender Rundgang:
Parkplatz Adolfsburg – zur gegenüberliegenden Straßenseite – auf der dort
beginnenden Straße (Schniersweg) hinter dem ersten Haus nach links und auf
der Alten Straße und dem Hesspfädchen zur Rüsper Straße und zum Verkehrs-
vereinsbüro in der Alten Pastorat (dort kann man einen Dorfplan erhalten) –
kath. Kirche St. Lambertus (1769/71 erbaut, sehenswerte Ausstattung) – Inken-
weg – Schanzenweg – Kurpark mit Haus des Gastes – Grubenweg – Hauptstraße
– Adolfsburg.

Das im oberen Hundemgrund in ca. 400–440 m ü. NN vor der Waldkulisse der
Rüsper Rothaar gelegene Kirchdorf Oberhundem hatte wahrscheinlich bereits im
11. Jh. Pfarrfunktionen. Leitlinie der Besiedlung war zunächst der Hundembach.
Die geradlinige Führung der Hauptstraße geht auf einen Wiederaufbauplan nach
einem Brand im Jahr 1814 zurück. Im 2. Weltkrieg wurden 1945 44 Häuser ganz
oder teilweise zerstört. Land- und Forstwirtschaft waren noch bis ins 20. Jh. die
Haupterwerbszweige. Noch 1965 arbeitete jeder 3. Erwerbstätige im primären
Sektor.

Die Anfänge des Fremdenverkehrs in Oberhundem reichen in die Zeit
zwischen den Weltkriegen zurück; stärker entwickelte er sich aber erst in den
50er Jahren. Nach der Eingliederung Oberhundems in die Gemeinde Kirchhundem (1969) wurde das Dorf Schwerpunkt der Fremdenverkehrsförderung in der
neugebildeten Gemeinde. Die gezielten Maßnahmen zur Verbesserung des Orts-
bildes wurden 1973 mit einer Goldmedaille im Bundeswettbewerb „Unser Dorf
soll schöner werden" belohnt. Im selben Jahr erhielt Oberhundem als erster Ort
im Kreis Olpe die staatliche Anerkennung als Luftkurort. Die Beherbergungska-
pazität liegt bei ca. 300 Betten in Hotels, Gasthöfen und Privatpensionen sowie
weiteren 300 Betten in der Jugendherberge und in Familienferienstätten. Im
Fremdenverkehrsjahr 1981/82 wurden im Bezirk Oberhundem, zu dem noch
einige Weiler in der Umgebung gehören, 76 000 Übernachtungen gemeldet, von
denen 49 000 auf das Sommerhalbjahr, 27 000 auf das Winterhalbjahr entfielen.

Auf dem von Oberhundem auf kurzen Anfahrtswegen zu erreichenden flachen Scheitelrücken der Rüsper Rothaar liegt um den Rhein-Weser-Turm (680 m ü. NN) das größte Wintersportgebiet des Kreises Olpe.

Beliebte Ausflugsziele in der näheren Umgebung Oberhundems sind der auf der Wasserscheide Rhein-Weser stehende Rhein-Weser-Turm, von dem aus man einen guten Rundblick über die Rothaarlandschaft hat, und der inmitten der Waldlandschaft der Rüsper Rothaar am Eggenkopf gelegene, 80 ha große „Panoramapark", ein jährlich von ca. 350 000 Personen besuchter Wild-, Freizeit- und Erlebnispark. Beide Ausflugsziele sind über die an der Jugendherberge und einer Ferienhaussiedlung (Nurdachhäuser) vorbeiführenden Straße Oberhundem-Edertal zu erreichen.

Literatur

Bürgener, Martin (1969): Die naturräumlichen Einheiten auf Blatt 110 Arnsberg (Geographische Landesaufnahme 1:200 000, Naturräumliche Gliederung Deutschlands, Institut für Landeskunde). Bad Godesberg.

Clausen, Claus Dieter (1978): Geologische Karte von Nordrhein-Westfalen 1:25 000, Erläuterungen 4814 Lennestadt. Krefeld.

Dehio, Georg (1969): Handbuch der Deutschen Kunstdenkmäler, Nordrhein-Westfalen, 2. Bd., Westfalen. Bearb. v. D. Kluge u. W. Hansmann. München.

Der Kreis Olpe – Südsauerland (1977). Oldenburg (Stalling).

Hömberg, Albert K. (1967): Heimatchronik des Kreises Olpe. Mit Beiträgen von Th. Hundt und H. Ruegenberg. Köln.

Hömberg, Albert K. (1965): Kirchliche und weltliche Landesorganisation des südlichen Westfalen. Münster.

Landesamt für Datenverarbeitung und Statistik Nordrhein-Westfalen (1982): Statistische Rundschau für die Kreise Nordrhein-Westfalens, Kreis Olpe. Düsseldorf.

Lucas, Otto (1984): Das Olper Land (Schriftenreihe des Kreises Olpe Nr. 9. Unveränderter Nachdruck der Erstveröffentlichung von 1941). Olpe.

Runge, Fritz (1982): Die Naturschutzgebiete Westfalens und des Regierungsbezirks Osnabrück (4. Auflage). Münster.

Schmidt, Hermann u. Werner Plessmann (1961): Sauerland (Sammlung Geologischer Führer Bd. 39). Berlin-Nikolassee.

Schmidt, Karl-Heinz (1975): Geomorphologische Untersuchungen in Karstgebieten des Bergisch-Sauerländischen Gebirges. Ein Beitrag zur Tertiärmorphologie im Rheinischen Schiefergebirge (Bochumer geographische Arbeiten 22). Paderborn.

Schubotz, Wilhelm u. Klaus Bechtold (o. J.): Das Pumpspeicherwerk Rönkhausen der Elektromark (Musteranlagen der Energiewirtschaft 9). Gräfelding.

Ziegler, Willi (1978): Geologische Karte von Nordrhein-Westfalen. Erläuterungen 4813 Attendorn. Krefeld.

Nördliches Siegerland:

VON FREUDENBERG NACH HILCHENBACH

Bernhard Oltersdorf

Exkursionsverlauf

Eintägige Exkursion mit Kfz über rund 20 km sowie mehrere Kurzwanderungen.

Karten:

TK 1:50 000 (Hrsg.: LVA NW) Blätter L 5112 Freudenberg, L 5114 Siegen

Einführung

Der Naturraum des Siegerlandes bildet eine weiträumige Senke im Ostflügel des Rheinischen Schiefergebirges mit einem Durchmesser von 30–40 km. Von den Randhöhen, die das zertalte Siegerland fast vollständig umschließen, fließt eine Vielzahl von Bächen und Flüssen aus allen Richtungen dem Kernraum zu. Damit ist die Gebirgsumrahmung gleichzeitig Wasserscheide, von wo aus die Quellbäche der Sieg mit steilem Gefälle im Oberlauf tief eingeschnittene Kerbtäler gebildet haben und weiterhin rückschreitend erodieren. In einer Engtalstrecke zwischen Giebelwald und Windhahn im Südwesten des Siegerlandes durchbricht das fließende Wasser die 500 m hohe Gebirgsumrandung zwischen 300 m hohen, steilen Talflanken. Somit gleicht das Quellgebiet der Sieg mit Heller und Asdorf und den sich bei Siegen vereinigenden Bächen, Sieg, Alche, Ferndorf und Weiß, den Fingern einer gespreizten Hand (KRAUS, 1931).

Dieses Gewässernetz hat sich weitgehend unabhängig vom Gebirgsbau entwickelt. Die im Siegerland durchweg unterdevonischen, seit dem späten Unterkarbon zum variskischen Gebirge aufgefalteten Gesteinsschichten wurden bereits bis zur Perm-Zeit, dem Ende des Erdaltertums, wieder abgetragen und zu einer flachwelligen Landoberfläche eingeebnet. Als solche blieb sie durch das ganze Erdmittelalter hindurch bis in die Tertiärzeit im wesentlichen erhalten, wurde dann aber im Zuge erneuter tektonischer Unruhe kräftig, jedoch ungleichmäßig emporgehoben, wobei in den verfestigten Gesteinsschichten entlang zahlreicher Störungslinien Risse entstanden. Läßt man heute den Blick zum Horizont über die flach gewölbten Gipfel des Siegerlandes schweifen, so gewinnt man in etwa eine Vorstellung von der ehemaligen Gebirgsoberfläche der Tertiärzeit.

Mit dem Klimawechsel im Quartär wurde die physikalische Verwitterung wirksamer, und die fließenden Gewässer schnitten sich in das Gebirge ein. Die im Bereich des Siegener Sattels anstehenden ältesten Schichten des Devon wurden von der Sieg und ihren Nebenflüssen kräftig zerschnitten und abgetragen, so daß das Siegerland mit seinen abgerundeten, gestreckten Bergrücken gegenüber den Randhöhen mit ihren jüngeren, aber härteren Gesteinen heute eine ausgedehnte Senke darstellt.

Das Routenprofil durch das nördliche Siegerland läßt im westlichen Abschnitt eine markante Erhebung, die Wilhelmshöhe östlich Freudenberg, erkennen, die

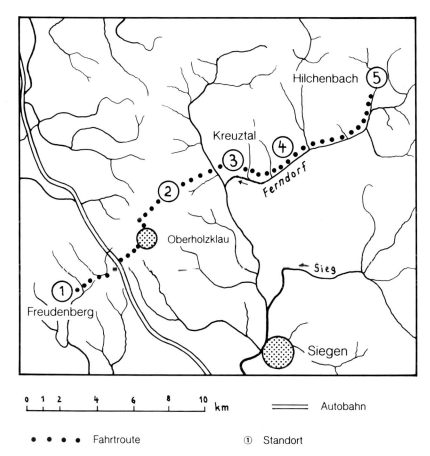

Abb. 1: Routenskizze

Legend:
- 0 1 2 4 6 8 10 km
- ━━━ Autobahn
- • • • • Fahrtroute
- ① Standort

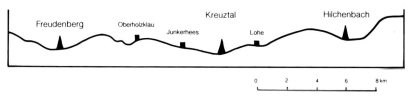

Abb. 2: Profil

den Freudenberger Raum mit seiner südlichen Öffnung durch das Asdorftal vom inneren Kern des Siegerlandes trennt, in dem die von den Randhöhen herabfließenden Gewässer sich im zentral gelegenen Kreuztal treffen und dann gemeinsam nach Süden fließen. Dabei haben der Heesbach von Westen, der Littfebach von Norden und die Ferndorf von Osten, die dann beim Zusammentreffen der Gewässer nach Süden abbiegt, ein ausgeprägtes Talkreuz geschaffen, das die verkehrs- und wirtschaftsgeographische Entwicklung des nördlichen Siegerlandes seit der Industrialisierung maßgeblich vorzeichnete.

Das Siegerland ist klimatisch benachteiligt. Die aufgrund der Höhenlage niedrigen Temperaturen und reichlichen Niederschläge zwischen 900 und 1100 mm, die meist flachgründigen, kalkarmen Böden und die Hängigkeit des Geländes ließen eine landwirtschaftliche Nutzung immer nur in bescheidenem Maße zu. Darüber hinaus waren die schmalen Talgründe von Überschwemmungen bedroht, so daß nur wenige flachgeneigte Talhänge für einen Anbau überhaupt in Frage kamen.

Im Gegensatz hierzu wies aber das Siegerland eine gemessen an den landwirtschaftlichen Möglichkeiten beachtliche Bevölkerung auf. Ihre Existenzbasis war durch einen natürlichen Reichtum erweitert, der anderen Mittelgebirgsräumen fehlte: reiche Erzlagerstätten, die seit der La-Tène-Zeit bis in dieses Jahrhundert hinein abgebaut wurden.

Ihre Entstehung geht auf die Bildung von Gangspalten während der Gebirgsbildung zurück. Sie waren die Voraussetzung für die Vererzung des Siegerländer Raumes. In diesen Spalten stieg aus der Tiefe heißes, mit gelösten Mineralien angereichertes Wasser empor, aus dem sich mit sinkender Temperatur Spateisenstein, aber auch Kupfer-, Zinn-, Blei- und Silbererze absetzten. Diese Ganglagerstätten waren für die Entwicklung des Siegerländer Wirtschaftsraumes von entscheidender Bedeutung.

Die Energie für die Schmelzöfen lieferten die ausgedehnten Wälder, die in der Siegerländer Form der Niederwaldnutzung mit 20jähriger Rotation als Hauberg bezeichnet werden. Das hier geschlagene Stangenholz wurde in Meilern zu Holzkohle umgewandelt, nachdem die Eichen zur Gerberlohegewinnung geschält waren. Die Haubergflächen dienten nach dem Schlag zeitweise auch als Getreideland, danach als Viehweide, und in ihrem Unterholz wuchsen Beeren und Pilze. In dieser Nutzungsvielfalt auf der gleichen Fläche kommt die seit alters her schmale Ernährungsbasis der Siegerländer Bevölkerung zum Ausdruck.

Seit dem späten Mittelalter wurde in den Tälern die Wasserkraft genutzt, um vor allem Hämmer und Blasebälge anzutreiben. Der Siegerländer war also bis zur Industrialisierung und der zunehmenden Arbeitsteilung gleichzeitig Landwirt und dazu Berg- oder Hüttenmann, Köhler oder Hammerschmied. Seit der Mitte des 19. Jahrhunderts vollziehen sich wirtschaftliche und technische Veränderungen, die den gesamten Wirtschaftsraum erfassen und damit auch das Gesicht des Siegerlandes neu prägen.

1861 erhielt das Siegerland mit der Eröffnung der Ruhr-Sieg-Eisenbahn Anschluß an das aufstrebende Ruhrgebiet. Mehr und mehr machte die Steinkohle die in den Haubergen gewonnene Holzkohle überflüssig. Immer leistungsfähigere Hütten- und Hammerwerke, Gießereien und Walzwerke bildeten schließlich entlang der Eisenbahn im Ferndorf- und Siegtal eine ausgeprägte Industriegasse, die sich vor allem zwischen Kreuztal und Siegen verdichtete, zum Teil aber auch die Seitentäler erfaßt hat. Der Gleisanschluß wurde zum dominierenden Standortfaktor für die Werke der eisenschaffenden Industrie. Die traditionellen Betriebe abseits der Bahn erlagen der Konkurrenz, gaben auf oder änderten die Produktion.

Auch der Bergbau wurde von der Konzentrationswelle erfaßt, was zu Betriebszusammenschlüssen zum Zwecke der Produktionssteigerung bei gleichzeitiger Aufgabe vieler unrentabler Gruben führte. Die verbliebenen Bergwerksbetriebe konnten zwar genügend Erz liefern, aber die Frachtkosten für Ruhrkohle verteuerten das erschmolzene Roheisen. Als dann 1952 durch die Verträge der Montan-Union die Sondertarife der Bahn für Ruhrkohle entfielen, wurde die Siegerländer Erzverhüttung unrentabel, so daß der Erzabbau schließlich ganz eingestellt wurde. Es wird zwar heute noch Edelstahl aus Schrott unter Verwendung elektrischer Energie erschmolzen, jedoch liegt das Schwergewicht nun auf der Eisen- und Stahlverarbeitung in einer Vielzahl meist mittlerer und kleinerer Unternehmen. In dieser immer noch ausgeprägten Einseitigkeit der Siegerländer Industrie liegt auch die Strukturschwäche des Wirtschaftsraumes begründet. Erst mit der Eröffnung der Bundesautobahn 45 (Sauerlandlinie) im Jahre 1972 gewinnt das Siegerland zunehmend wirtschaftliche Attraktivität auch für andere Industriezweige, denen der günstige Verkehrsstandort besonders viel bedeutet.

Routenbeschreibung

Abfahrt von der Autobahn A 45 (Sauerlandlinie), Anschlußstelle Freudenberg an der sog. Wilhelmshöhe. Von hier aus führt die alte Landstraße von Siegen kommend hinunter in das Tal des Weibebaches, an dem die Stadt Freudenberg liegt. Nach links in die schnurgerade Bahnhofstraße einbiegend, geht es vorbei an z. T. gut restaurierten im Jugendstil errichteten Bürgerhäusern, an diversen Geschäften und anderen tertiären Einrichtungen, die diese Straße als Versorgungszentrum Freudenbergs ausweisen, bis zur Einmündung der Krottorfer Straße auf der rechten Seite, die unmittelbar an den historischen Kern der Stadt heranführt.

1. Freudenberg – Historisches Baudenkmal „Alter Flecken"

Ein Gang durch die schmalen Gassen zwischen den liebevoll restaurierten Fachwerkhäusern überzeugt unmittelbar von der Bedeutung Alt-Freudenbergs als Baudenkmal von hohem Rang. Die Stadt wurde 1456 von dem Grafen von Nassau unterhalb der bereits bestehenden Burg als „Flecken" gegründet. Die hinter der Stadtmauer zusammengezogenen Bauern der Umgebung wurden zwar freie Bürger (daher Freydenberg, später Freudenberg), waren aber zur Verteidigung verpflichtet, denn Freudenberg war Grenzfeste gegen die Herren von Wildenburg.

Nach der Brandkatastrophe von 1666, bei der durch einen Blitzschlag fast alle Häuser einschließlich Burg und Kirche niederbrannten, erfolgte durch Anordnung von Fürst Johann Moritz von Nassau-Siegen der planmäßige, einheitliche Wiederaufbau des „Alten Flecken", wie er bis heute im wesentlichen erhalten geblieben ist. Nur die Burg wurde nicht wieder aufgebaut. Einer ihrer ehemaligen Türme ist als Kirchturm des heutigen evangelisch-reformierten Gotteshauses erhalten. Die dicken Bruchsteinmauern und die vergitterten Fenster weisen die Kirche zusätzlich als Wehrkirche aus.

Die Altstadt unterhalb der Kirche paßt sich mit ihren 4 hangparallelen Straßen, die nördlich von der Kölner Straße und südlich von der Oranienstraße begrenzt werden, als räumliche Einheit dem Relief des Hanges an. Die Häuserzeilen bestehen aus giebelständigen Fachwerkhäusern, haben einheitlich zwei Geschosse und ein schiefergedecktes Satteldach. Die aus Grauwackenbruchsteinen gemauerten und außen verputzten Kellergeschosse ragen aufgrund der Hanglage an der Talseite fast völlig aus der Erde. In ihnen wurde das Vieh aufgestallt, so heute noch in einem dieser dichtstehenden Altstadthäuser.

1966 wurde das ganze Ensemble des Alten Flecken als Baudenkmal von internationaler Bedeutung anerkannt. In den folgenden Jahren wurde ein umfangreiches staatlich gefördertes Sanierungsprogramm aufgestellt, das inzwischen weitgehend abgeschlossen werden konnte. Dabei versuchte man, das Ortsbild zu erhalten, gleichzeitig aber auch die Ansprüche an moderne Lebensverhältnisse zu erfüllen, was angesichts der geringen Stockwerkhöhen und Raumgrößen, wie auch der komplizierten Eigentumsverhältnisse innerhalb der Häuser durch Mehrfachaufteilungen nicht immer einfach war.

Da ein Museum nicht das Ziel der Sanierung sein sollte, wurde eine kleingeschäftliche Nutzung bei vielen Häusern gleich mit eingeplant, wodurch der Alte Flecken eine deutliche Belebung erfahren hat.

Für die Stadt Freudenberg stellte sich zusätzlich die Aufgabe, das Baudenkmal in die städtebauliche Entwicklung einzubeziehen. Seine funktionale Bedeutung für das Stadtganze ist heute unumstritten. Mit dem an die Altstadt angrenzenden, auf der östlich benachbarten Anhöhe neu angelegten Kurpark und mit vielen Freizeiteinrichtungen und Kulturangeboten in der nahen Umgebung ist Freudenberg seit 1979 als Luftkurort anerkannt.

Weiterfahrt auf dem gleichen Wege zurück zur Wilhelmshöhe, hier nach links Richtung Kreuztal über die Brücke mit einem kurzen Abstecher nach rechts in das moderne „Gewerbegebiet Wilhelmshöhe", das mit seiner unmittelbaren Zufahrt zur Autobahn zahlreiche Produktions-, Handels- und Dienstleistungsbetriebe an sich gezogen hat, die große Flächen, ein ausgedehntes Kundeneinzugsgebiet oder eine zeitsparende Verkehrsanbindung benötigen. – Weiterfahrt über Bühl nach Oberholzklau, das zu den ältesten Dörfern des Siegerlandes zählt. Ein Ortsschild weist auf die erste urkundliche Erwähnung im Jahre 1079 hin. Der darauf abgebildete Holzdieb ist allerdings eine Fehldeutung des Ortsnamens, denn die Endung -klau, wohl keltischen Ursprungs, bedeutet Quelle oder Bach und findet sich ähnlich in anderen Ortsnamen wieder, wie z. B. Klafeld-Geisweid. Oberholzklau ist ein altes geistliches Zentrum. Zu seinem Kirchspiel gehörte auch bis 1585 der Flecken Freudenberg. – Bei Oberholzklau Abzweigung nach links und nach 1 km wieder nach rechts Richtung Kreuztal. Die Straße führt hinunter in das Tal des Heesbaches, vorbei an den Weilern Oberhees und Mittelhees mit ihren z. T. noch gut erhaltenen Siegerländer Fachwerkhäusern. Die Landwirtschaft wird aber hier, wie fast überall im Siegerland, nur noch im Nebenerwerb betrieben.

2. Junkernhees – Adeliges Gut im Siegerland

Der ehemalige Adeligensitz Schloß Junkernhees liegt wie auch die Weiler Ober- und Mittelhees am Fuße der flachgeböschten, südexponierten Talflanke oberhalb des Zusammenflusses von Heesbach und Ostheldener Bach. Diese 1523 erbaute, allerdings schon 1372 erstmals erwähnte Burg zählt zweifellos zu den besterhaltenen Schlössern des niederen Adels im Siegerland und war Sitz einer Linie des Geschlechts „von der Hees", das, wahrscheinlich aus dem kurkölnischen Westfalen stammend, nun aber im Dienste des Grafen von Nassau stand. Später kam die Burg in den Besitz der Herren von Syberg, die den Ostflügel erneuern ließen und damit die alte Trutzburg zum repräsentativen Schloß umbauten. Seitdem trägt die Fassade die Inschrift „Syberg 1698".

Noch vor den napoleonischen Kriegen wurde das ganze Gut an den Prinzen von Oranien, Fürsten von Nassau, verkauft, ging aber danach in private Hände über und verlor damit seine Bedeutung als Adeligensitz. Heute ist Schloß Junkernhees ein Hotel und Restaurant, das den historisch interessierten Reisenden in besonderem Maße anspricht. Eine Rast in der Burg mit dem noch erhaltenen Rittersaal vor dem offenen Kamin in der großen Küche mit dem Fußboden aus Backsteinen im Fischgrätenmuster kann durchaus einen geselligen Höhepunkt dieser Exkursion bilden.

Weiterfahrt über die L 908. Sie quert den Talgrund und biegt an der Gabelung nach rechts in Richtung Kreuztal ab. Im Ortsteil Fellinghausen nach der Ampel wieder rechts einbiegen und die alte Einfahrt über den beschrankten Bahnübergang wählen, dann über die Straßenkreuzung nach Kreuztal-Mitte. Während der Geschäftszeiten sind Parkmöglichkeiten nur begrenzt vorhanden. Eine Begehung des neuen Einkaufszentrums ist aber zum Verständnis der Raumentwicklung im nördlichen Siegerland unerläßlich.

3. Kreuztal: Verkehrsknotenpunkt und zentraler Ort

Kreuztal ist eine Gründung der jüngsten Neuzeit, deren Wurzeln nur bis in die Zeit des Staatsstraßenbaus vor rund 150 Jahren zurückreichen. Es entstand am natürlichen Talkreuz als typische Verkehrssiedlung. 1835 wurde die zweimal wöchentlich verkehrende Personenpost von Siegen über Kreuztal nach Laasphe eröffnet, und so standen hier am Beginn der Siedlung die Station der Postkutschen und zwei Gastwirtschaften.

In dieser Zeit war Kreuztal lediglich der Name einer Wiesenflur in der Gemarkung Ernsdorf. Als eigenständiger Ortsname wird er erst 1032 im Zusammenhang mit dem Bau der Wittgensteiner Straße über Hilchenbach aufgeführt. 1855 wird die Verlängerung nach Westen durch das Heestal fertiggestellt. Damit erlebt Kreuztal eine starke Zunahme des Verkehrs im Schnittpunkt der Straßen, die das Märkische Gebiet im Norden mit dem Frankfurter Raum im Süden, das Bergische Land und die Kölner Bucht im Westen mit Biedenkopf und Marburg im Osten untereinander verbinden.

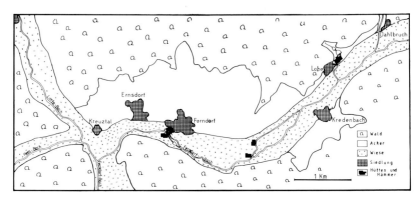

Abb. 3: Kreuztal 1835

Als 1861 die Ruhr-Sieg-Eisenbahn von Hagen nach Siegen fertiggestellt war, führte der Bau großer, mit Ruhrkohle arbeitender Industriebetriebe in Kreuztal zu einer weiteren Beschleunigung der Siedlungsverdichtung. Zwar hatte schon 1840 das Kreuztaler Walzwerk auf dem Gelände der Firma Siebau an der heutigen Bahnüberführung den Betrieb aufgenommen, das dann 1853 von den Brüdern Dresler als Drahtwalzwerk umgewandelt wurde. Jedoch erst mit dem Bau der Stahlschmidt-Werke 1863, in dem Dampfkessel und Mäntel für Hochöfen hergestellt wurden, und des Hochofenwerks des Köln-Müsener Bergwerks-Aktienvereins 1866 begann die eigentliche industrielle Entwicklung der Stadt.

Mit der Fertigstellung der Wittgensteiner Bahnstrecke 1889 von Kreuztal in östliche Richtung bis nach Marburg konnte auch die industrielle Aufsiedlung des Ferndorftales zügig voranschreiten. Nun wurde der Bahnhof zum Knotenpunkt, der 1916 sogar zum Verschiebebahnhof ausgebaut wurde. Die Post hatte schon 1872 ihren Standort von der Straßenkreuzung in die Bahnhofstraße verlegt und erlebte, wie auch die Bahn, einen ständigen Funktionsgewinn. Die wachsende Zahl der Eisenbahner und Postbeamten bestimmten mit ihren Uniformen das Stadtbild.

Die Bedeutung des Bahnhofs Kreuztal hat seit 1969 im Bereich des Güterverkehrs erneut zugenommen. Hier entstand einer der ersten Container-Bahnhöfe der Bundesbahndirektion Wuppertal.

So wuchs durch den Arbeitskräftebedarf im Verkehrswesen und in der Industrie die Bevölkerung Kreuztals stark an:

1871   856 Einwohner
1905   1 682 Einwohner
1939   3 196 Einwohner
1950   4 524 Einwohner
1980   8 728 Einwohner
(mehr als 30 000 Einwohner mit den 1969 eingemeindeten Stadtteilen)

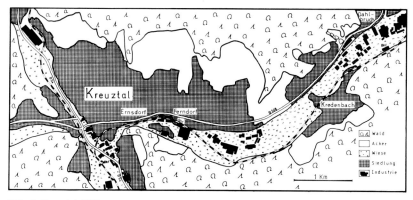

Abb. 4. Kreuztal 1985

Die Siedlung dehnte sich zunächst bandartig entlang der Hauptverkehrswege aus, wächst nun aber auch die Hänge hinauf. Hierzu zählt die Fritz-Erler-Siedlung, ein überwiegend aus Hochhäusern bestehender Siedlungskomplex der 70er Jahre, der vom Heestal aus bereits von Ferne deutlich zu erkennen ist. Mit ihren sozialen Problemen unterscheidet sich diese Siedlung allerdings kaum von ähnlichen Baukomplexen am Rande anderer Industriestädte.

Die heutige Wirtschaftsstruktur wird eindeutig beherrscht von der eisen- und blechverarbeitenden Industrie sowie dem Maschinen-, Behälter- und Apparatebau. Der Hochofen der Kreuztaler Hütte wurde bereits 1929 infolge der Weltwirtschaftskrise stillgelegt. Bevorzugte Standorte sind die Tallagen mit Anschluß an die Bahnlinien und die Hauptverkehrsstraßen.

Als ältestes Gebäude an der Straßenkreuzung steht heute noch die Gastwirtschaft aus dem 19. Jahrhundert. Zwar überwiegt in Kreuztal immer noch das freistehende Einzelhaus mit umgebender Freifläche, aber gerade im Kreuzungsbereich ist es seit den 70er Jahren zu einer auffälligen zentralörtlichen Verdichtung gekommen, die ihren Ausdruck im neuzeitlichen Baustil und in der überwiegenden Nutzung der Gebäude durch Handels- und Dienstleistungsbetriebe aller Art findet.

Stärkster Ausdruck der gewachsenen zentralörtlichen Bedeutung Kreuztals ist die Einrichtung des neuen Einkaufszentrums an der Marburger Straße nahe dem Straßenkreuz, das eine hohe Attraktivität im ganzen nördlichen Siegerland erreicht hat. Hier hat man versucht, der abnehmenden Wohnfunktion des Kernraumes durch gleichzeitigen Mietwohnungsbau einschließlich der Einrichtung von Altenwohnungen entgegenzuwirken. Mit seinen 5–7geschossigen Flachdachhochhäusern hebt sich dieses neue Zentrum von seiner baulichen Umgebung ab. Die Fußgängerzone ist teilweise mit transparentem Dach überzogen.

Dieses Einkaufszentrum hat einen Versorgungsbereich, der über das Stadtgebiet hinausreicht. Er deckt ungefähr den Bereich ab – ca. 50 000 Einwohner –, der der Stadt Kreuztal als Mittelzentrum vom LEP I/II zugewiesen wurde. Zusammen mit den dem Zentrum benachbarten Schul- und Sporteinrichtungen erfüllt Kreuztal tatsächlich jetzt schon fast alle mittelzentralen Funktionen.

Die Stadt leidet aber immer noch unter den Folgen des angewachsenen Verkehrs. Kreuztal hat nicht nur den Durchgangsverkehr, sondern auch den Individualverkehr eines Mittelzentrums zu bewältigen. Es mangelt an Parkflächen, und bei geschlossenen Schranken bricht der Verkehr zeitweise zusammen. Es bestehen seit langem Pläne zum Bau von Umgehungsstraßen. Diese bedrohen aber den Dreslerschen Park, mit seinem geschlossenen, einzigartigen Baumbestand unmittelbar nördlich an das Einkaufszentrum angrenzend, der die letzte zusammenhängende Freifläche im innerstädtischen Bereich darstellt. Es bleiben als Erholungsflächen für die städtische Bevölkerung nur die nahen Waldgebiete und das Heestal, die durch Wanderwege erschlossen sind.

Wenngleich die Verkehrsentwicklung den beispiellosen Aufstieg Kreuztals erst ermöglicht hat, so sind die Straßen und Parkplätze dem heutigen Verkehr nicht mehr gewachsen. Die Lösung der Verkehrsprobleme hat für Kreuztal höchste Priorität.

Die Fahrt führt weiter in östlicher Richtung durch das geschlossene Siedlungsband, von Geschäften und Wohnhäusern nach Ferndorf, das heute Teil der Stadt Kreuztal ist. Der Ortsteil Ferndorf zählt zu den ältesten Dörfern des Siegerlandes und war Sitz eines Kirchspiels, das 1067 erstmalig unter dem Namen Berentraph erwähnt wird. Im Umkreis der Kirche sind noch zahlreiche Fachwerkhäuser erhalten geblieben, die immer noch mit viel Sorgfalt gepflegt werden. Rechts der Straße sind hinter den Wohnhäusern die Fabrikgebäude zu erkennen, die sich bandartig entlang des Ferndorf-Baches auf den ehemaligen Bewässerungswiesen aneinanderreihen. – Zwischen Ferndorf und Kredenbach, das mit seinem Kern auf der gegenüberliegenden Seite des Ferndorftales liegt, ist die fast geschlossene Siedlungskette auf kurzer Distanz unterbrochen. Erst an der zweiten Ampel nach 3,5 km (Zufahrt zum Krankenhaus) sind auf der linken Seite Fachwerkhäuser und Gebäude aus Bruchsteinen neben modernen Industriebauten zu erkennen, die auf einen alten gewerblichen Standort schließen lassen. Gegenüber befinden sich die modernen Gebäude der Firma „*Armaturen* Krombach", die inzwischen auch die Gebäude auf dem alten Betriebsgelände übernommen haben.

4. Lohe: Vom Rittersitz zum Industriestandort

Die Bruchsteingebäude sind Reste einer gewerblichen Siedlung namens Lohe aus der vorindustriellen Zeit. Hier stand zunächst eine Burg – ähnlich Junkernhees –, die von dem Adelsgeschlecht „von dem Lo" bewohnt war. Als dieses 1660 ausstarb, fiel die herrschaftliche Siedlung an den Fürsten zu Nassau-Siegen. Mit der Zuordnung des Siegerlandes an Preußen 1815 wurde Lohe königlichpreußisches Domänengut. Hier standen eine Schmelzhütte, zwei Stahlhämmer, eine Ölmühle, Scheunen, Ställe, und bis heute sind die beiden Hüttenweiher erhalten geblieben. Aber schon 1819 wurde das Gut Lohe an Kredenbach und Ferndorf verkauft und verschwand als eigenständige Gemeinde. Die Loher Hütte mit ihren Anteilen am Müsener Stahlberg bestand bis 1840. – Die noch erhaltenen Gebäude sind in die gepflegten baulichen Anlagen des modernen Industriebetriebes integriert.

Kurz hinter der Einfahrt in den Hilchenbacher Ortsteil Dahlbruch zweigt eine Straße nach links zum alten Bergmannsdorf Müsen ab. Ein Abstecher dorthin wird empfohlen, denn Müsen gilt als Musterbeispiel eines Siegerländer Dorfes, das alle Stationen der Wirtschaftsgeschichte dieses Raumes von der frühgeschichtlichen Bergbausiedlung bis zum modernen Wohn- und Erholungsgebiet in einem Talschluß überschaubar vereinigt.

Schon vor Erreichen der Stadtgrenze reiht sich rechts der Straße zwischen dem Kreuztaler Ortsteil Kredenbach und dem Hilchenbacher Ortsteil Dahlbruch ein moderner Gewerbebetrieb an den anderen. In Dahlbruch steht an der B 508 der größte Industriebetrieb des nördlichen Siegerlandes. Die Schloemann-Siemag-Werke mit ihren rd. 3000 Beschäftigten sind ein Unternehmen von Weltrang, das hochmoderne Walzwerkanlagen baut und in alle Welt liefert. Ingenieure und Techniker des Werkes montieren in Dahlbruch entwickelte Großanlagen auf Industriebaustellen in allen Erdteilen. Die Geschichte des Betriebes reicht zurück bis in die Zeit der vorindustriellen Hütten und Hämmer.

Auf dem Weg nach Hilchenbach liegt rechts am südlichen Rand des Ferndorftales das Gymnasium Stift Keppel, das mit den alten Gebäuden und der Stiftskirche auf eine lange Tradition zurückblickt. Von 1239 bis zur Reformation war es Kloster der Prämonstratenserinnen und ist heute staatliches Gymnasium für Jungen und Mädchen mit angeschlossenem Internat.

Nach dem großen „Hammerwerk Vorlaender" in Allenbach und weiteren Betrieben an der B 508 erreicht die Exkursion ihr Ziel, die Stadt Hilchenbach. Vorbei an zum Teil alten und restaurierten Wohnhäusern und Geschäften zu beiden Seiten der westlichen Einfahrt führt die Exkursion bis zum Rathaus, das im geographischen Mittelpunkt der Stadt steht. Von hier aus ist das historisch gewachsene Ensemble von Alt-Hilchenbach gut zu überschauen.

5. Hilchenbach

Hilchenbach, am Fuße des Rothaargebirges gelegen, ist zentraler Ort für mehr als 16 000 Einwohner auf einem überwiegend von Wald bedeckten Stadtgebiet. Es ist der Geburtsort von Wilhelm Münker, der vor 75 Jahren zusammen mit Richard Schirrmann das Jugendherbergswerk begründete und seine weitere Entwicklung von Hilchenbach aus leitete. Die Jugendherberge liegt oberhalb der Stadt am Sonnenhang.

Der aus dem Zusammenschluß mehrerer Bäche gebildete Talkessel bot günstige Voraussetzungen für die Anlage einer Siedlung, die zuerst 1292 erwähnt wurde. Im Grenzbereich zu Kurköln gelegen, erhielt der Ort 1489 eine Befestigung, die Wilhelmsburg, die 1689 als nassauisches Landesschloß neu erbaut, heute der Stadt Hilchenbach als Stadtmuseum, Stadtarchiv und Stadtbücherei dient und auf der innerstädtischen Grünfläche neben dem Rathaus den Ortskern bereichert.

Durch den 1687 von Fürst Wilhelm Moritz von Nassau aufgestellten Freiheitsbrief wurde Hilchenbach zum Flecken erhoben und erhielt das Recht, Wegegelder zu erheben und Jahrmärkte abzuhalten. Dieses Recht stärkte die Wirtschaftskraft Hilchenbachs erheblich, denn die Stadt am Fuße des Rothaargebirges lebte weitgehend vom Verkehrsgewerbe. Fuhrleute leisteten Vorspanndienste, Gaststätten boten Quartier, und Schmiede und Wagener standen für Reparaturen und

Neubau von Fahrzeugen zur Verfügung. Daneben gab es das heimische Gewerbe, von dem die Hilchenbacher Lederwerke mit einem bedeutenden Betrieb direkt hinter dem Rathaus bis heute erhalten geblieben sind.

Die vorbildlich restaurierten und teils neu gebauten Fachwerkhäuser in der Ortsmitte sind Ausdruck intensiver und erfolgreicher Bemühungen um eine Stadtkernsanierung, um die Identität des gewachsenen Stadtbildes zu bewahren. Die Attraktivität der Stadt drückt sich in der wachsenden Bedeutung des Fremdenverkehrs aus, aber die angestrebte staatliche Anerkennung als Luftkurort ist Hilchenbach bisher versagt geblieben. Außerhalb des schmucken Ortskerns sind alle aus dem Talkessel abzweigenden Täler von Gewerbebetrieben und benachbarten Wohnhäusern überbaut worden. Diese Gemengelage ist eine schwer abzutragende Hypothek, die eine verstärkte Entwicklung des Fremdenverkehrs trotz günstiger natürlicher Voraussetzungen behindert.

Aber Hilchenbach muß im räumlichen Zusammenhang mit seinen 1969 eingemeindeten Ortsteilen gesehen werden. Die waldreiche Umgebung der Stadt mit ausgezeichneten Wanderwegen und guten Wintersportmöglichkeiten in der weiteren Umgebung verstärkt somit die Anziehungskraft Hilchenbachs mit seiner sehenswerten historischen Stadtmitte.

Literatur:

Eichenauer, H. (1976): Hüttental – Entwicklungsschwerpunkt im Siegerland. – In: Nordrhein-Westfalen neu gesehen, Luftbildatlas in Farb-Senkrechtaufnahmen. Berlin.

Fickeler, P. (1954): Das Siegerland als Beispiel wirtschaftsgeschichtlicher und wirtschaftsgeographischer Harmonie. – In: Erdkunde, Bd. VIII.

Ders. (1967): Das Siegerland und Westfalen. Hilchenbach 1967.

Irle, L. (1968): Unser Siegerland. – Eine Heimatkunde. – 4. erw. Auflage, Siegen.

Kayser, M.-L. (1958): Kulturgeographische Karte vom Siegerland. – Forschungen zur deutschen Landeskunde, Bd. 107.

Käberich, H. (1981): Wandlungen der Bodennutzung des Stadtteils Kreuztal unter dem Einfluß von Industrialisierung und Verstädterung. – Unveröffentlichte Staatsarbeit. Siegen.

Kellenbenz, H. u. J. H. Schawacht (1974): Schicksal eines Eisenlandes. Siegen.

Kellersohn, H. (1968): Die Siegerländer Haubergswirtschaft früher und heute. – In: Naturkunde in Westfalen, H. 2/3.

Kraus, Th. (1969): Das Siegerland. – Ein Industriegebiet im Rheinischen Schiefergebirge. – Forschungen zur deutschen Landeskunde, 2. Auflage mit einem Nachwort. Bad Godesberg.

Kreutz, B. (1970): Untersuchung der kulturlandschaftlichen Entwicklung des Ferndorftales zwischen Dahlbruch und Kreuztal unter besonderer Berücksichtigung amtlicher Karten. – Unveröffentlichte Staatsarbeit. Siegen.

Monheim, F. (1959): Auswirkungen der Industriekonjunktur auf die Siegerländer Agrarlandschaft. – In: Berichte zur deutschen Landeskunde, Bd. 23.

Müller, B. (1978): Die Altstadtsanierung von Freudenberg unter besonderer Berücksichtigung der Finanzierungsmöglichkeiten. – Unveröffentlichte Staatsarbeit. Siegen.

Oltersdorf, B. (1978): Sozialgeographische Strukturwandlungen im ländlichen Raum des Siegerlandes. – In: Kreuzer, H. und K. W. Bonfig (Hrsg.): Entwicklungen der siebziger Jahre, Studien aus der Gesamthochschule Siegen, Teil I. Gerabronn.

Petri, F., O. Lucas und P. Schöller (1955): Das Siegerland – Geschichte, Struktur und Funktionen. – Veröffentlichung des Prov.-Inst. für Westfälische Landes- und Volkskunde, Reihe I, H. 8. Münster.

Römhild, G. (1976): Folgenutzung von ehemaligen Tagesanlagen Siegerländer Erzgruben zwischen Eiserfeld und Neunkirchen-Salchendorf. – In: Natur- und Landschaftskunde in Westfalen, Nr. 3.

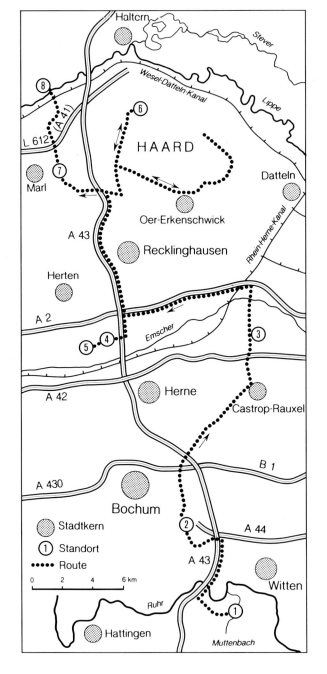

Abb. 1: Routenskizze

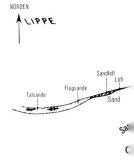

NORDEN

LIPPE

92

Ruhrgebiet:
BERGBAUENTWICKLUNG ZWISCHEN MUTTENTAL UND LIPPETAL

Alois Mayr und Wolfgang Seidel

Exkursionsverlauf:

Eintägige Busexkursion, ca. 90 km ohne, 115 km mit Abstecher zur neuen Schachtanlage An der Haard 1 nördlich von Oer-Erkenschwick, mit Begehungen in den Standortbereichen.

Karten:

Rheinisch-Westfälisches Industriegebiet, Regionalkarte 1:100 000 (Hrsg.: LVA NW);
Ruhrgebiet 1:80 0000, Aral-Sonderkarte;
Ruhrgebiet, Kreiskarte 1:50 000 Nr. 60 (Hrsg.: LVA NW);
Kreis Recklinghausen, Kreiskarte 1:50 000 Nr. 53 (Hrsg.: LVA NW);
TK 1:50 000 Naturpark Hohe Mark (Hrsg.: LVA NW).

Einführung

Das Ruhrrevier stellt ein über die Grenzen verschiedener naturräumlicher Haupteinheiten und mehrerer früherer politischer Territorien hinweg entstandenes Wirtschaftsgebiet höchster städtischer Verdichtung dar, dessen Wurzel der

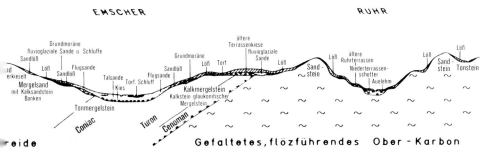

Abb. 2: Schematischer Schnitt durch die Quartärablagerungen im Niederrheinisch-Westfälischen Industriegebiet (mit geologischem Untergrund) nach: Dege/Dege 1983, S. 19

93

Steinkohlenbergbau ist. Ausgehend vom anstehenden Produktiven Karbon des Hügellandes beiderseits der Ruhr, ist der Bergbau etappenweise nach Norden in Gebiete vorgedrungen, die von einem immer mächtiger werdenden Kreidedeck-gebirge bei tiefer einfallenden Karbonschichten überlagert werden. Beim Versuch einer räumlichen Gliederung lassen sich entwicklungsgeschichtlich klar verschie-dene von Süden nach Norden gestaffelte Zonen erkennen, deren Struktur vorgeprägt ist durch Relief und Hydrographie, d. h. durch das zum Rhein ausgerichtete Flußsystem, sowie durch den Verlauf alter Fernstraßen und durch die vorindustrielle Besiedlung. Der Bergbau, der ihm folgende schwerindustrielle Ausbau (Eisen- und Stahlindustrie, Kohlechemie) sowie die modernen Hauptver-kehrslinien ließen mit Ruhrtal-, Hellweg-, Emscher-, Vestischer und Lippezone höchst unterschiedliche Entwicklungs- und Strukturzonen entstehen, deren Physiognomie, wirtschaftliche Prägung und Problemstellung primär oder weitge-hend eine Funktion der jeweiligen bergbaulichen Überformung war (vgl. STEIN-BERG 1967, KONZE 1975, DEGE/DEGE 1983, HEINEBERG/MAYR 1983, HEN-DRICKS 1983).

Die um 1957 einsetzende Kohlenkrise, die durch Wandlungen auf dem Energiemarkt und dadurch verursachte Rationalisierungen (Aufgabe unrentabler Zechen) ausgelöst wurde, führte nun zu bedeutsamen wirtschaftsstrukturellen Veränderungen im Revier (u. a. Gründung der Ruhrkohle AG im Jahre 1969). Zwischen 1957 und 1984 ist im Ruhrgebiet die Zahl der Bergbaubeschäftigten von rd. 496 000 auf rd. 130 000, die der Förderschächte von rd. 150 auf 25 zurückge-gangen (davon ca. 122 000 Beschäftigte und 23 fördernde Bergwerke bei der Ruhrkohle AG). In der Ruhrtal- und Hellwegzone ist der Bergbau bereits vollständig erloschen. Zwar mußte aus absatzbedingten Gründen die Gesamtför-derung der Ruhrkohle AG inzwischen auf 55 Mio. t Kohle jährlich zurückge-schraubt werden (1956 über 140 Mio. t im Ruhrgebiet). Wegen Auslaufens der Kohlefelder auch in der Emscherzone und zwecks gleichzeitiger langfristiger Sicherung einer energiepolitischen Unabhängigkeit der Bundesrepublik und zur Erhaltung der Arbeitsplätze ist es jedoch aus bergbaulicher und regionalplaneri-scher Sicht notwendig, in dem vorwiegend durch Agrarwirtschaft und Naherho-lung geprägten Raum der Lippezone neue Schachtanlagen als sog. Anschlußberg-werke zu errichten. Da diese in Bereichen mit hohem naturräumlichen, ökologi-schen und landschaftsästhetischen Wert entstehen, welche zugleich auch die bevorzugten Räume für Freizeit und Naherholung sind, ist die Nordwärtswande-rung des Steinkohlenbergbaus aus der Sicht des Landschaftsschutzes und der Landespflege als sehr kritisch zu bewerten.

Ohne Vollständigkeit anstreben zu können, wird im vorliegenden Exkursions-bericht versucht, Entwicklungslinien, raumwirksame Folgen sowie jüngere Ten-denzen und Probleme des Steinkohlenbergbaus an einem Süd-Nord-Profil aufzu-zeigen, das vom Muttental, einem kleinen Seitental der Ruhr südwestlich von Witten, bis zur Lippe südlich von Haltern führt (vgl. Abb. 1 und 2). Dabei soll an ausgewählten Beispielen auf alte und neue Bergbaubetriebsstätten ebenso einge-gangen werden wie auf Zechenbrachen und Ersatzindustrien, auf Arbeitersied-lungen, Kraftwerksstandorte, Bergehalden und Bergsenkungen sowie insbeson-dere Nutzungskonflikte, die sich aus den jeweiligen Raumansprüchen ergeben.

Routenbeschreibung

Die Anfahrt zum ersten Standort erfolgt von Norden zweckmäßig über die BAB 43 Richtung Bochum–Wuppertal bis zur Ausfahrt Witten-Heven (südöstlich der Ruhr-Universität Bochum), von dort ostwärts durch den Stadtteil Heven und über die kurzfristig vereinigten Bundesstraßen 226/235 (nach Hagen/Wuppertal) zuerst in südlicher Richtung, dann – parallel zur Ruhr und entlang dem Werksgelände der Thyssen Edelstahlwerke AG – nach Osten bis zum Straßenknoten Ruhrdeich/Ruhrstraße südlich des Stadtkerns von Witten. Dort rechts (südwärts) abbiegen (B 235 Richtung Witten-Bommern/ Wuppertal), die Ruhr und eine Eisenbahnlinie überqueren und unmittelbar dahinter nach rechts (westwärts) in die Nachtigallstraße abzweigen. Am Ortsende großer Parkplatz und Beginn eines ca. 9 km langen, sehr eindrucksvollen bergbaugeschichtlichen Rundwegs durch das Muttental (SGV-Markierung: A 3)

1. Das Muttental bei Witten-Bommern – Zeugen des frühen Ruhrbergbaus

Der zwischen Witten-Herbede-Vormholz im Westen und Witten-Bommern im Osten gelegene Ausschnitt des Ruhrhügellandes (mit variskisch streichender Sattel-Mulden-Struktur), der vom windungsreichen Ruhrtal im Norden (76 m über NN bei Witten) entlang dem Lauf des Muttenbaches bis auf knapp 200 m zu einem von der B 235 genutzten Härtlingsrücken ansteigt, gilt als eine der Wiegen des Steinkohlenbergbaus (seit etwa 1200 nach Chr.) und enthält eine Fülle bergbauhistorischer Gebäude, Anlagen und Geländemerkmale. Die Hauptsehenswürdigkeit eines von der Stadt Witten mit vielfältiger Unterstützung geschaffenen Rundwegs, der durch 32 beschilderte Hinweistafeln gut erläutert und zudem durch eine kleine Broschüre dokumentiert ist (Stadt Witten 1983, vgl. ferner TIGGEMANN 1965 und WÜSTENFELD 1975), stellt das ehemalige Bethaus (1823) dar, das den Bergleuten als zentrale Versammlungsstätte und als Andachtsraum vor Schichtbeginn diente. Dieses im Ruhrgebiet einzigartige Gebäude – seit Eröffnung nach der Restaurierung 1974 Außenstelle des Deutschen Bergbau-Museums Bochum – wird durch geologische Aufschlüsse (Werksandstein und Flöze), historische Relikte und Rekonstruktionen ergänzt. So kann man die Pingen als früheste Formen des Kohlenabbaus, verschiedene Stollen und Kleinzechen des 17.–19. Jahrhunderts, ehemalige Zechengebäude, eine Halde, eine Kohlenverladestelle und Reste der einst 6 km langen Muttental-Schienenbahn (1829) im Südbereich sehen. An der Ruhr existieren die frühe historische Großzeche Nachtigall (1728–1892) mit Ziegelei Dünkelberg (Außenstelle des Westfälischen Industriemuseums Dortmund) und Kohlenniederlage, die Herbeder Schleuse mit Wärterhaus aus der Zeit der Ruhrschiffahrt (1780–1870) sowie zwei frühere Herrensitze, die Burgruine Hardenstein und Schloß Steinhausen.

Darüber hinaus ist das im Norden weitgehend offene, im Süden fast ausschließlich bewaldete Gebiet von verschiedenartigsten Freizeiteinrichtungen durchzogen. Damit ist der naturlandschaftlich sehr reizvolle Raum sehr charakteristisch für die heutige Struktur der Ruhrtalzone des Reviers, die durch Brückenorte mit ehemals bedeutenden Handelsfunktionen (Essen-Steele, Hattingen, Witten), nur wenige größere Industriebetriebe und vor allem Naherholungsfunktionen geprägt wird (vgl. auch von KÜRTEN 1973).

Zurück nach Witten Bommern, auf der B 235 südwärts Richtung Wuppertal über das alte Bergkötterdorf Trienendorf bis Bommerholz, dort nach Westen abbiegen (Wegweiser nach Herbede) bis zum Ortsteil Herbede-Durchholz, von dort links abzweigen in die kurvenreiche Kämpenstraße. Nordöstlich des Gasthauses „Zur Westfälischen Schweiz" liegt die 1976 stillgelegte ehemalige Kleinzeche Egbert mit erhaltenen Tagesanlagen, die letzte Kleinzeche des Ruhrgebietes überhaupt (vgl. HEINEBERG/MAYR 1983, S. 133f.). Sie förderte 1962–1976 bei 6–10 Mann Belegschaft aus einem 135 m langen, tonnlägigen (Schräg-)Schacht ca. 3000 t Anthrazitkohle pro Jahr (insg. ca. 40 000 t in 14 Jahren bzw. 2–3 t je Mann und Schicht).

Am Ende der Kämpenstraße zuerst rechts, dann links abbiegen und an der Anschlußstelle Witten-Herbede auf die BAB 43 Richtung Bochum–Recklinghausen fahren. Am links liegenden Kemnader Ruhrstausee (Lärmschutzwall) und dem rechtsseitigen Stadtteil Herbede (mit vorgelagerter ehemaliger Zeche Herbede und Industrieflächen) vorbei bis zur Ausfahrt Bochum-Querenburg. Nach Verlassen der Autobahn links ab in die Universitätsstraße, danach unmittelbar rechts in den Hustadtring abzweigen (links Teilbereich Hustadt der Universitätswohnstadt), erneut rechts in die Schattbachstraße und links in die Höfestraße, schließlich nach rechts in die Markstraße einbiegen bis zum sog. Opel-Verteilerring.

2. Das Opel-Werk I in Bochum-Laer – Zur Folgenutzung ehemaliger Bergbaubetriebsflächen

Im 19. und 20. Jahrhundert entwickelte sich auf der Grundlage des Steinkohlenbergbaus das Ruhrgebiet zum bedeutendsten industriellen Ballungsraum Europas, dessen Städte in unterschiedlichem Ausmaß vom Bergbau überformt wurden. Nach einer ersten Rationalisierungswelle im Südbereich des Reviers in der Zwischenkriegszeit (1925–1929) setzte ab 1957 – bedingt durch Rationalisierungen im Gefolge von Absatzkrisen – ein neuerliches „Zechensterben" ein, in dessen Verlauf auch manche der großen Hellwegstädte ihre sämtlichen Bergwerke verloren, z. B. Bochum 1958–1973, Mülheim/Ruhr und Duisburg; 1987 wird ebenfalls Essen, die einst bedeutendste Bergbaustadt des Kontinents, ohne Bergwerk sein. Der wirtschaftliche Niedergang mit dem Verlust an Arbeitsplätzen zwang die Ruhrgebietsstädte dazu, sich um Ersatzindustrien zu bemühen und die bisherigen Bergbaubetriebsflächen einer neuen Nutzung zuzuführen.

Die ab 1960 errichteten drei Zweigwerke der Adam Opel AG in Bochum (1984 rd. 19 000 Beschäftigte) sind nicht nur das sichtbarste Beispiel für den industriellen Strukturwandel des Ruhrgebietes, sondern zugleich für die erfolgreiche Wiedernutzung ehemaliger Zechengelände (Werk I: Zeche Dannenbaum, Werk II: Zeche Bruchstraße), die meist mit großen Problemen verbunden ist (zur Nutzungsvielfalt vgl. zusammenfassend CORDES 1972 und HOTTES/MARANDON 1979).

Die Neuansiedlungen erfordern zumeist hohe finanzielle Aufwendungen der Städte und Förderungszuschüsse des Landes, die für die Bereitstellung und Herrichtung des Betriebsgeländes (Abbruch aller Anlagen und Planierung), für umfangreiche Infrastrukturmaßnahmen (Straßenbau, Gleisanschluß und technische Infrastruktur) sowie für Maßnahmen und Versicherungen gegen Bergschäden benötigt werden. Das Opel-Werk I in Bochum-Laer (zu Standort und Produktion vgl. HEINEBERG/MAYR 1983, S. 139f.) machte u. a. zahlreiche Gebäudeabbrüche für den Bau einer Stadtautobahn mit Verteilerkreis, den Umbau eines Verladebahnhofs, die Anlage von Straßenbahngleisen sowie die vorzeitige Stillegung zweier weiterer Zechen zur Abwehr von möglichen Bergschäden notwendig.

Bei der Gründung der Ruhrkohle AG 1969 wurden nur die Produktionsbetriebe, nicht aber die Werkssiedlungen und vor allem nicht der Grundbesitz in die neue Einheitsgesellschaft eingebracht. Der Erwerb der bis zu 50 ha großen Zechenbrachen und deren geordnete Wiedernutzung – meist für gewerbliche Wiederverwendung, seltener für Wohnungsbau oder als Freiflächen – scheitert häufig an Preisvorstellungen oder insbesondere an Unstimmigkeiten über die Übernahme von Alt- und Folgelasten. Die meisten Städte des Reviers leiden wegen des umfangreichen Bergbaubesitzes entweder unter großen Grundstücksengpässen für notwendige Planungen (z. B. Herne) oder müßten ansonsten wertvolle landwirtschaftliche Nutzflächen beanspruchen, wenn nicht Zechen , Industrie- und Verkehrsbrachen umgenutzt werden könnten. Als Teil des Aktionsprogramms Ruhr – eines Ergebnisses der Ruhrgebietskonferenz in Castrop-Rauxel 1979 – wurde von der Landesregierung der Grundstücksfonds Ruhr begründet und über fünf Jahre hinweg mit jährlich 100 Mio. DM ausgestattet. Diese Mittel sollen dazu dienen, über die unzureichende städtebauliche Förderung hinaus den Grundstücksmarkt in Bewegung zu halten und angekaufte Brachflächen für eine neue, von den kommunalen Planungsträgern zu bestimmende bauliche Nutzung aufzubereiten. Von 1980–1984 wurden mit Hilfe des Grundstücksfonds insgesamt 25 Grundstücke mit einer Gesamtfläche von 370 ha erworben, saniert und an künftige Nutzer weiterverkauft. Nach den Planungen der Gemeinden sollen davon ca. 54 % als Gewerbe- und Industrieflächen, 38 % als Erholungsflächen und 8 % für den Wohnungsbau verwendet werden. Wegen der regen kommunalen Nachfrage wurde der Fonds 1984 in leicht veränderter Form verlängert.

Als besonderes Problem entstanden neuerdings Schwierigkeiten durch Altlasten, die beim Grunderwerb überhaupt nicht bekannt waren. So wurden z. B. bei der bereits verplanten Zechenbrache König Ludwig 4/5 in Recklinghausen-Suderwich Bodenverunreinigungen (Kontaminierungen) durch Schadstoffe der ehemaligen Kokerei und anderer bergbaulicher Anlagen ermittelt. Zur Zeit wird landesweit an der Erfassung der Altlasten in einem Kataster gearbeitet, um entsprechende Handlungs- und Entscheidungsgrundlagen zu besitzen (Stadt Recklinghausen, Landesregierung 1979, Übersichten in Landesentwicklungsberichten, z. B. 1982, S. 75).

Vom Opel-Werk I aus gelangt man über den Bochumer Außenring (Stadtautobahn) und unter der Autobahn A 430 (Ruhrschnellweg) hindurch auf den Castroper Hellweg, der über den ehemals bergbaugeprägten Stadtteil Bochum-Gerthe in die industrielle Mittelstadt Castrop-Rauxel führt (Schließung der letzten Zeche, des 1866 abgeteuften Bergwerks Erin, am 22. Dezember 1983; Verlust des bedeutendsten und strukturprägenden Arbeitgebers mit schwerwiegenden Folgen für die Stadt).

3. Kraftwerk Rauxel – Probleme der Kraftwerksstandorte und Bedeutung der Energiewirtschaft im Ruhrgebiet

Folgt man von Erin aus der B 235 nach Norden, so wird schon lange, bevor man den Ortsteil Habinghorst erreicht, die Silhouette des Kraftwerks Rauxel blickbestimmend. Es ist Teil des größten industriellen Standortkomplexes der Stadt Castrop-Rauxel, der sich vom Rhein-Herne-Kanal im Westen bis an die Recklinghauser Straße im Osten erstreckt und die Ortsteile Habinghorst und Ickern erfaßt. Dieses Industriegebiet beherbergt heute vornehmlich Betriebe der Großchemie (Rütgers-Werke; Victor-Chemie). Das Areal des Kraftwerkes selbst umfaßt ca. 15 ha.

Daten zum Kraftwerk Rauxel (Unterlagen der Stadt Castrop-Rauxel):
- Betreiber: VEBA Kraftwerke Ruhr AG (VKR), früher Klöckner;
- Elektrische Leistung der beiden Blöcke: 1 x 120, 1 x 175 Megawatt (zum Vergleich: Kraftwerk Scholven in Gelsenkirchen rd. 3000 Megawatt in 7 Blöcken);
- Energiebasis: Steinkohle;
- Inbetriebnahme: 1. Block 1958, 2. Block 1968;
- Schornsteinhöhe: 230 m;
- Durchmesser/Höhe des Kühlturms: 65 m/86 m.

Das Kraftwerk Rauxel gehört somit zwar lediglich zu den Anlagen mit mittlerer Energieleistung, jedoch ergeben sich aus seiner Lage sowie aus dem Betriebsalter nicht geringe Probleme für die Stadtentwicklung und den Umweltschutz:

Innerhalb eines 1000-m-Radius um das Kraftwerk – dies ist der geforderte Mindestabstand zwischen Kraftwerk und Wohnbebauung im Falle von Neuerrichtungen von Kraftwerken – liegen ca. 170 ha Wohnfläche (Zechensiedlung Ochsenkamp im Norden). In Verbindung mit der ehemaligen Schachtanlage Victor III/IV, von der heute allerdings nur noch die Brachfläche nordöstlich des Kraftwerks zeugt, zeichnet sich das Bild einer Gemengelage verschiedener bergbaubedingter Nutzungen, wie sie für die Emscherzone an vielen Standorten typisch ist.

Die Kraftwerksblöcke gehören zu den sog. Altanlagen im Sinne der Großfeuerungsanlagenverordnung (Verordnung über Großfeuerungsanlagen – 13. BImSchV 1983), für die bis 1988 die Umrüstung auf umweltfreundlichere Betriebstechniken erfolgt sein muß oder die bis 1993 stillgelegt sein müssen. Während noch der frühere Betreiber Erweiterungsabsichten hegte und den Bau eines neuen 750 Megawatt-Blocks bis 1985 realisiert haben wollte, gehen die Vorstellungen der VKR dahin, beide Blöcke bis 1990 stillzulegen, da standortbezogen ein weiterer Energiebedarf ihrer Einschätzung nach nicht besteht und Erweiterungen anderenorts günstiger getätigt werden können.

Nach dem Rückgang der Stahlerzeugung ist die Stromgewinnung zum wichtigsten Einsatzbereich für die heimische Kohle geworden (ca. 45 % mit großem Vorsprung vor Stahlindustrie und Wärmemarkt). Die 1980 zwischen dem deutschen Steinkohlenbergbau und der Elektrizitätswirtschaft geschlossene Rahmenvereinbarung („Jahrhundertvertrag") sichert einen Anstieg der Lieferungen auf 45 bis 50 Mio. t Steinkohleeinheiten (SKE) bis 1995. Die Elektrizitätswirtschaft in NW erbrachte über Steinkohlekraftwerke 1982 12 000 Megawatt, davon entfielen auf die 11 Kraftwerksstandorte im nördlichen Ruhrgebiet (Stadt Gelsenkirchen, Kreis Recklinghausen) 4500 Megawatt. Eine Leistungserweiterung um ca. 6800 Megawatt würde erfolgen, wenn alle derzeitigen Planungsabsichten der Elektrizitätswirtschaft im nördlichen Revier realisiert würden. Pro Jahr emittieren die Kraftwerke im nördlichen Ruhrgebiet derzeit bei mittlerer Auslastung

190 000 t Schwefeldioxyd,
 75 000 t Stickoxyde,
 10 000 t Staub,
  1 460 t gasförmige Chlorverbindungen und
    440 t gasförmige Fluorverbindungen.

Diese Daten machen zugleich die umweltpolitische Dimension der Kohle-Vorrang-Politik für diesen Raum deutlich, der durch die schon bestehende Konzentration von Kraftwerken auf engem Raum bereits starken Vorbelastungen unterliegt (vgl. Reg.-Präs. Münster 1983 a/b, Ministerpräsident 1979 und Landesregierung 1983). Der mehrtägige Smogalarm im Ruhrgebiet im Januar 1985 mit Fahrverboten, Produktionsdrosselungen und befristeten Betriebsstillegungen hat einer breiten Öffentlichkeit die Problematik der Luftbelastung bewußt gemacht. Positiv sind die jüngst abgeschlossenen Verhandlungen zwischen Landesregierung und Kraftwerksbetreibern über einen Emissionsminderungsplan für Großfeuerungsanlagen der öffentlichen Energieversorgung herauszustellen. Danach haben sich die Energieversorgungsunternehmen freiwillig verpflichtet, die Kraftwerksemissionen stärker und schneller zu reduzieren als gesetzlich vorgeschrieben.

4. Die „Dreiecksiedlung" in Recklinghausen-Hochlarmark – Aspekte der Privatisierung und Erhaltung von charakteristischen Bergarbeitersiedlungen

Über die Autobahnen A 2 und A 43 erreicht man Recklinghausen-Hochlarmark. Hier liegt – begrenzt durch Robertstraße, Westfalenstraße und Karlstraße – die Zechenkolonie Dreiecksiedlung, so benannt wegen ihrer charakteristischen Anordnung.

Dieses Ensemble ist in Zuordnung zur unmittelbar benachbarten Schachtanlage Recklinghausen II in den Jahren 1901 bis 1907 entstanden und gehört zu den typischen Vertretern der Arbeitersiedlungen im Ruhrgebiet (zur Einordnung und Problematik vgl. BOLLEREY/HARTMANN 1975, KOSTKA 1981, DEGE/DEGE 1983). Die Siedlung hat sich im Laufe ihres Bestehens in ihrem geschlossenen Erscheinungsbild nicht wesentlich verändert und besitzt so einen hohen Identifikationsgrad im sonst sehr heterogenen Siedlungsbild von Hochlarmark. Der Landeskonservator von Westfalen-Lippe hat die Dreiecksiedlung insgesamt als Bestandteil der Liste der erhaltenswerten technischen Baudenkmäler in Recklinghausen ausgewiesen.

Bis zum Sanierungsbeginn Ende 1982 umfaßte das ca. 23 ha große Areal etwa 100 Häuser (Doppelhäuser und mehrspännige Reihenhäuser) mit ca. 400 Wohn-

elnheiten. Die Einwohnerzahl lag bei etwa 1500 Einwohnern in ca. 500 Haushalten. Der Ausländeranteil betrug ca. 11 % mit in der Mehrzahl türkischen Bewohnern.

Die Häuser reihen sich entlang alleeartig bepflanzter Straßen; ihnen zugeordnet sind in charakteristischer Weise öffentliche Grünflächen, private Gärten und Grabeland sowie vereinzelt Stallungen (z. B. an der Robertstraße).

Die Siedlung weist bei aller Geschlossenheit im äußeren Erscheinungsbild eine Reihe von städtebaulichen und wohnungswirtschaftlichen Mißständen auf: Bauliche Beschaffenheit, Grundriß und Ausstattung der Wohnungen, Belegungsdichte, öffentliche Versorgungseinrichtungen sowie die Situation im ruhenden Verkehr entsprechen bzw. entsprachen zum großen Teil nicht dem heutigen Wohn- und Lebensstandard, so daß Maßnahmen der Sanierung und Modernisierung nach dem Städtebauförderungsgesetz erforderlich wurden.

Die Absicht der Salzgitter AG als Eigentümerin und sog. bergbauliche Altgesellschaft, die Siedlung zu privatisieren, hat in Verbindung mit der Sanierungsnotwendigkeit im Innern und der Erhaltungswürdigkeit des Ensembles die Stadt Recklinghausen zur Aufstellung eines Bebauungsplanes (Nr. 199) in Verbindung mit einer Erhaltungs- sowie einer Gestaltungssatzung veranlaßt. Die förmliche Festlegung erfolgte 1979. Ihr voraus gingen gutachtliche Forschungsvorhaben.

Grundstücks- und Gebäudeprivatisierungen in Verbindung mit Selbsthilfemaßnahmen, verkehrlichen Ordnungs- und Erschließungsmaßnahmen, Anreicherung der Gebäudesubstanz und Verdichtung mit teilweise artfremder Baumasse haben letztlich doch zu einer stellenweise beträchtlichen Überformung und Auflösung des bisher intakten äußeren Erscheinungsbildes geführt – eine Entwicklung, wie sie trotz aller städtebaupolitischen und bauplanerischen Wertewandlung in den letzten Jahren auch an zahlreichen anderen erhaltenswerten Zechensiedlungen im Ruhrgebiet beobachtet werden kann.

5. Bergehalden im Hertener Süden – Aspekte der Bergeentsorgung und der Rekultivierung von Bergehalden

Nur etwa 250 m nordwestlich der Dreiecksiedlung beginnt der Bergehaldenkomplex Herten-Süd. Über die Route Karlstraße, Am Handweiser, Hohewardstraße erreicht man die Halde Hoppenbruch, von deren Nordostflanke aus man einen nahezu umfassenden Überblick über den Standortbereich gewinnen kann.

Diese Halden dienen der Entsorgung sog. Berge; hierunter versteht man jene Nebengesteine – überwiegend Sandstein oder Schieferton –, die unvermeidbar neben der Kohle selbst beim Abbau der Flöze und der untertägigen Erschließung anfallen. Der Anteil dieser Berge hat sich in den letzten Jahren wegen der fortschreitenden Mechanisierung des Abbaus kontinuierlich erhöht und liegt im Ruhrgebiet z. Z. bei etwa 47 % der Gesamtförderung, d. h. auf 1 Tonne verwertbare Kohle entfallen durchschnittlich 0,9 t Berge. Nur ein geringer Teil kann entweder wieder nach unter Tage zurückgeführt, d. h. versetzt werden (ca. 7 %) oder im Straßen-, Damm- oder Deichbau, also als Fremdabsatz Verwendung finden (ca. 26 %); der weitaus größte Anteil (ca. 67 %) muß aufgehaldet werden

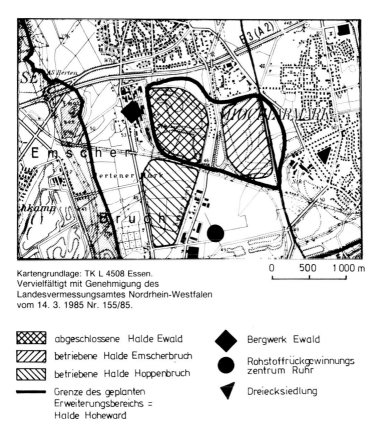

Kartengrundlage: TK L 4508 Essen.
Vervielfältigt mit Genehmigung des
Landesvermessungsamtes Nordrhein-Westfalen
vom 14. 3. 1985 Nr. 155/85.

0   500   1 000 m

▨ abgeschlossene Halde Ewald

▧ betriebene Halde Emscherbruch

▨ betriebene Halde Hoppenbruch

▬ Grenze des geplanten
Erweiterungsbereichs =
Halde Hoheward

◆ Bergwerk Ewald

● Rohstoffrückgewinnungs
zentrum Ruhr

▼ Dreiecksiedlung

Abb. 3: Haldenbereich Herten-Süd

(Ruhrkohle AG 1981, S. 15). Damit ergibt sich für den Bergbau ein besonderes Entsorgungsproblem, denn bis zum Jahre 2000 werden rd. 900 Mio. t aufzuhaldender Bergemengen vorausgeschätzt (Reg.-Präs. Münster 1982, ITZ 1982, STENZEL 1983).

Belastend wirkte und wirkt sich die Haldenschüttung in den betroffenen Gebieten, insbesondere in der Nähe zu Wohngebieten aus, und zwar durch den Transportlärm der Berge-LKW, durch Staub- und Lärmemissionen beim Betrieb der Halde (Verkippung; Verdichtung), durch langfristigen Flächenentzug, optische Beeinträchtigungen des Siedlungs- und Landschaftsbildes sowie durch Schädigung des Naturhaushalts.

Für den Kreis Recklinghausen als den durch Halden vermutlich am stärksten betroffenen Bereich des Ruhrgebietes wurden 1978 rd. 380 ha Haldenfläche ermittelt. Dies entspricht z. B. der gesamten Wohnbaufläche der Stadt Oer-Erkenschwick. Auf die Stadt Herten entfielen dabei 143 ha oder 38 %.

101

Als Reaktion auf die Vorhaben des Bergbaus, weitere Flächen für die zukünftige Bergeentsorgung einzurichten, erhoben 1978 die betroffenen Kommunen des Ruhrgebietes die Forderung nach einer langfristig angelegten regionalen Bergehaldenkonzeption, die einen „regionalen Ausgleich der Belastungen" erbringen sollte. Diese Forderung hat ihren Niederschlag gefunden in der Aufstellung von gesonderten Regionalplänen durch die Bezirksplanungsräte bei den betroffenen Regierungspräsidenten in Arnsberg, Düsseldorf und Münster. Diese Pläne werden jeweils als Gebietsentwicklungsplan-Teilabschnitt Bergehalden bezeichnet und sichern Flächen für die Bergeentsorgung mindestens bis zum Jahr 2000 unter Abwägung insbesondere der Gesichtspunkte Flächenverfügbarkeit und Transportwegeminimierung einerseits sowie Wohnqualität, Umweltschutz, landschaftliche Wiedereingliederung und verstärkter Versatz auf der anderen Seite. Von 1600 ha planerisch neu festgelegter Haldenfläche in allen drei Regierungsbezirken wird der Kreis Recklinghausen danach allerdings immer noch fast ein Fünftel, nämlich ca. 300 ha, bereitstellen und 200 der bis zum Jahr 2000 vorausgeschätzten 900 Mio. t Berge aufnehmen.

Für die Stadt Herten ergibt sich nach den Bergehaldenplanungen folgende Entwicklungsperspektive:

– Die bestehenden/betriebenen Halden Emscherbruch und Ewald sollen durch Überschütten des dazwischen liegenden Hoheward-„Tales" zur Halde Hoheward verbunden und nach Westen und Osten erweitert werden. Zusammen mit der südlich angrenzenden Halde Hoppenbruch wird eine Schüttkapazität von insgesamt 170 Mio. t auf etwa 180 ha Grundfläche erreicht, die vier benachbarten Förderschachtanlagen zur Bergeentsorgung dient wird (vgl. Abb. 3). Die maximale Höhe beträgt bis zu 90 m über Niveau.

– Der Transport der Berge wird zum größten Teil auf die Schiene umgestellt; die Zechenbahn an der Hohewardstraße wird vertunnelt, und es werden neue Gleisabschnitte geschaffen.

– Parallel dazu beginnt eine Landschaftssanierung der bisher durch mehrere tafelbergartige Einzelhalden beeinträchtigten Stadtlandschaft im Hertener Süden mit dem Ziel, durch das neue „Landschaftsbauwerk" eine innerstädtische Grünzonenerweiterung zu erreichen, wohnungsnahe Erholung zu ermöglichen, den Immissionsschutz zu verbessern und insgesamt eine landschaftsgerechte Wiedereingliederung zu bewirken (vgl. Abb. 4).

Für die noch betriebene Halde Hoppenbruch ist im übrigen ein erster Rekultivierungsabschnitt fertiggestellt und bereits für die Bevölkerung freigegeben worden.

Rückfahrt zur BAB-Anschlußstelle Recklinghausen-Hochlarmark, Fahrt auf der A 43 nach Norden Richtung Münster über das Autobahnkreuz Recklinghausen hinweg bis Abfahrt Marl-Sinsen, von dort zur B 51 (Richtung Haltern–Münster). Nördlich des Ortsteils Sinsen Beginn des geschlossenen Waldgebietes „Die Haard", das bereits zum Naturpark „Hohe Mark" gehört, dem bedeutendsten Naherholungsgebiet am Nordrand des Ruhrgebietes und zweitgrößten Naturpark Westfalens (vgl. v. KÜRTEN 1973 und SCHNELL 1982). Vorbei am links der Straße im Wald gelegenen „Westfälischen Landeskrankenhaus" (Heilstätte Haardheim) und nach etwa 3,5 km nördlich von Sinsen

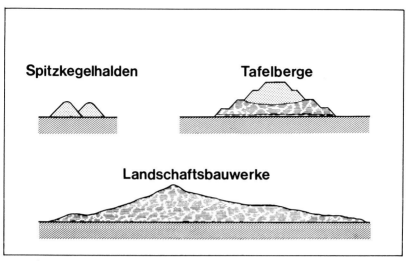

Spitzkegelhalden **Tafelberge**

Landschaftsbauwerke

aus: itz – Schwerpunktheft 2 / 1982
Grafik : N. Vansteenkiste

Abb. 4: Haldengenerationen im Vergleich

rechts abzweigen zu den Schächten Haltern 1/2 der Ruhrkohle AG/Bergbau AG Lippe (Hinweisschilder) bis zu einem Informationspavillon (mit Parkplatz). Der Standort dokumentiert beispielhaft einen schwerwiegenden Nutzungskonflikt zwischen Freiraumsicherung (Natur- und Landschaftsssschutz) und Bergbau.

6. Das Konzept der Anschlußbergwerke bei der Ruhrkohle AG
   am Beispiel der Schächte Haltern 1/2 und An der Haard 1

Mit der Ergänzung des noch gültigen Gebietsentwicklungsplanes 1966 des Siedlungsverbandes Ruhrkohlenbezirk im Oktober 1977 wurde der Ruhrkohle AG die Möglichkeit eröffnet, drei standortgebundene Bergbauanlagen im Raum der etwa 75 km² großen Haard zwischen Haltern und Recklinghausen zu errichten. Dieser dient vornehmlich der Tages- und Wochenenderholung der Bevölkerung eines großen Einzugsgebietes und ist als solcher auch im LEP III ausgewiesen (vorzugsweise stille Erholung mit Freizeitstätte Stimbergpark am Südrand bei Oer-Erkenschwick als Freizeit- und Erholungsschwerpunkt). Ebenso wie die Borkenberge und die Hohe Mark besteht die Haard aus flugsandbedeckten kreidezeitlichen Quarzsanden („Halterner Sande"), ist insgesamt durch ein überraschend bewegtes Kleinrelief bestimmt (Härtlingsrücken und -kuppen, Trockentälchen) und überwiegend mit Kiefernwald bestanden. Eine gewisse Flächenkonkurrenz (vgl. Abb. 5) mit Ansprüchen des Quarzsandabbaus und der Wasserversorgung bestand für die Freiraum- und Erholungsfunktion der Haard

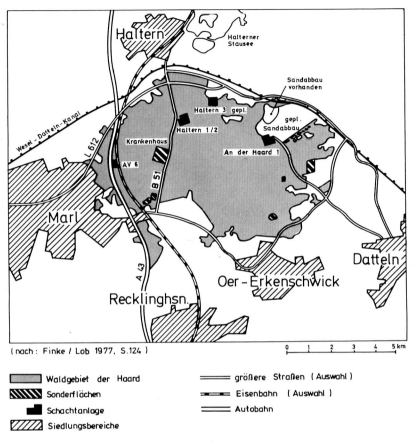

(nach: Finke / Lob 1977, S.124)

0 1 2 3 4 5 km

▓▓▓▓ Waldgebiet der Haard

▨▨▨▨ Sonderflächen

◼◼ Schachtanlage

▨▨▨▨ Siedlungsbereiche

═══ größere Straßen (Auswahl)

═▪═ Eisenbahn (Auswahl)

═══ Autobahn

Abb. 5: Neue Schächte in der Haard

bereits länger (seit etwa 1930); zudem waren weitere Sonderflächen, ein Seilfahrtschacht des Marler Bergwerks (Auguste Victoria 6) und als besonders störende Emissionsschneise die BAB 43 am Westrand entstanden bzw. im Bau (Eröffnung der Autobahn 1979).

Die Pläne des Bergbaus mit Explorationsarbeiten seit etwa 1972 und Vorlage eines Rahmenbetriebsplanes 1976 machten die Ziel- und Interessenkonflikte im südlichen Halterner Hügelland besonders deutlich (vgl. LAMPE u. a. 1978). Der Ausstellungspavillon bietet mit Schaubildern und Modellen die Möglichkeit, sich über die Ruhrkohle AG und ihre Aktivitäten im Raum der Haard zu informieren. Aus bergbaulicher Sicht sind von Wichtigkeit:
– Notwendigkeit der Sicherung einer nationalen Energieversorgung durch Kohle-Vorrang-Politik.

- Notwendigkeit der Nordwanderung des Bergbaus wegen voraussehbarer Erschöpfung derzeitiger Abbaubereiche; angenommene Kokskohlevorräte unter der Haard von 4–5 Mio. t jährlich soll rd. 9000–10 000 Arbeitsplätze sichern.
- Derzeitige Explorationen der Bergbau AG Lippe in den Untersuchungsräumen Haard/Haltern, Marler Graben, Hohe Mark, Lembeck und Olfen (vgl. Abb. 6). Zunahme der Mächtigkeit des Kreide-Deckgebirges bis etwa 1000 m (im Raum Münster bereits ca. 2000 m).
- Ausschließliche Errichtung von flächenmäßig begrenzten Anschlußbergwerken (je 6–8 ha Tagesfläche) für Personenseilfahrt, Bewetterung und Materialtransport; unterirdischer Transport der Kohlen und Berge und deren Förderung an bisherigen Förderschächten.
- Schacht An der Haard 1 im Jammertal bei Datteln-Ahsen ist dem Bergwerk Haard (ehemals Ewald-Fortsetzung) in Oer-Erkenschwick zugeordnet; erster Spatenstich Okt. 1977; Einweihung Juni 1983; Endteufe 1116 m; von hier aus späterer Aufschluß des Baufeldes Olfen.
- Schächte Haltern 1/2 (1 für Personen- und Materialbeförderung, 2 als Wetterausziehschacht) sind dem Bergwerk General Blumenthal zugeordnet; Förderung über die 25 km entfernte Schachtanlage 11 (Wanne-Eickel); erster Spatenstich Feb. 1980; erste Kohle Dez. 1984; vorgesehene Inbetriebnahme Herbst 1985; Teufe 1135 m; obere 215 m wegen Fließsand im Gefrierverfahren abgeteuft; Aufschluß des Baufeldes Haltern als Hauptzweck.
- Schacht Haltern 3 (oberirdisch 0,2 ha, Ausziehschacht) ist südlich Haltern-Flaesheim Ende der 80er Jahre geplant.
- In den Feldern Olfen und Lembeck sind derzeit sechs, im Feld Hohe Mark vier Seilfahrt-, Materialtransport- und Wetterschächte für die Jahre 2010–2020 geplant (ohne zusätzliche Förderschächte). Personenbeförderung unter Tage nicht über 3 km Länge zumutbar, Kohleförderung bis zu 30 km denkbar (Schachtanlage Haltern 1/2 verwendet als erste in der Bundesrepublik Großraumförderwagen mit 28 m³ Fassungsvermögen).
- Bergbaulicher Eingriff wird nur mit erheblichen Auflagen genehmigt (landschaftsgerechte Einpassung oberirdischer Schachtanlagen, Verpflichtung zu Ersatzaufforstungen, Beseitigung nach Stillegung der Anlagen und anschließende Rekultivierung).

Aus der Sicht des Landschafts- und Naturschutzes bestehen nach wie vor Einwände:

- Eingriffe sind nicht ausgleichbar und daher trotz aller Auflagen evident: Ausbau der Zufahrtstraßen, Geräuschbelastungen durch Betriebsanlagen und Kfz-Pendler u. a.; „harmonische Einordnung" fragwürdig (Baukörper, Farbabstimmung).
- Störungen innerhalb des Ökosystems (Pflanzen- und Tierwelt) offensichtlich; zerstückelter Wald verliert Funktionsfähigkeit; Aufforstungsfläche nicht wertgleich usw. (vgl. FINKE/LOB 1977, SCHULZKE in LAMPE u. a. 1978, Kommunalverband Ruhrgebiet 1979, Minister für Landes- und Stadtentwicklung 1984 a und 1984 c).

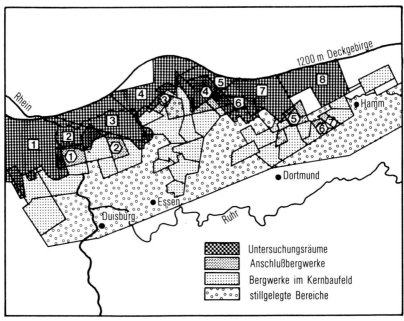

Quelle: Ruhrkohle Aktiengesellschaft (Hrsg.): Fragen zur Bergewirtschaft. Essen 1981, S. 5 f..

☐ **Untersuchungsräume** ◇ **Anschlußbergwerke**

1 West	5 Hohemark	1 Walsum-Voerde	5 Haus Aden-Nord
2 Mitte	6 Olfen	2 Prosper/Haniel-Nord	6 Neu Monopol
3 Schermbeck	7 Selm	3 Leopold/Wulfen	7 Heinrich Robert
4 Lembeck	8 Donar	4 Haltern/Haard	

Abb. 6: Untersuchungsräume für neue Anschlußbergwerke der Ruhrkohle AG

Außer in der Haard sind seitens der Ruhrkohle AG weitere Anschlußbergwerke (insg. 8) u. a. im Cappenberger Wald (Bergwerk Haus Aden), im Hünxer Wald und am Niederrhein (Bergwerke Prosper-Haniel und Walsum) im Bau, ferner durch die Gewerkschaft Auguste Victoria ein zusätzlicher Schacht im Süden der Hohen Mark in Planung (vgl. Abb. 7 und Standortbereich 7, RAG 1981, S. 5 und KUNZMANN/WINTER 1982). Neben der aus wirtschaftlichen und arbeitsmarktlichen Gründen offensichtlich notwendigen Ausweisung von Bergbaubetriebsstätten im Naturpark Hohe Mark und in der weiteren Lippezone ist aus Gründen des Landschafts- und Naturschutzes eine dauerhafte Sicherung von „Tabuflächen" künftig unvermeidbar (Problematik der wechselseitigen Ansprüche der Landesentwicklungspläne III und V: Schutz der natürlichen Umwelt versus Ressourcensicherung; Abwägung jeweils im Gebietsentwicklungsplanverfahren).

7. Nordwärtswanderung des Bergwerks Auguste Victoria in Marl – Vom Kohle-Chemie-Verbund zum Kohle-Energie-Verbund

Das Bergwerk Gewerkschaft Auguste Victoria nimmt in mehrfacher Hinsicht eine Sonderstellung in der Bergbaulandschaft des Ruhrgebietes ein. Das Unternehmen mit Sitz in Marl gehört zum Chemiekonzern BASF und ist nach der Stillegung der Zeche Erin in Castrop-Rauxel neben der Zeche Westfalen in Ahlen (Eschweiler Bergwerksverein) das einzige nicht zur Ruhrkohle AG gehörende in Betrieb befindliche Bergwerk im Ruhrgebiet. Seit seiner Gründung 1899 steht es in enger Beziehung zur chemischen Industrie; an dem für das Ruhrgebiet bis vor wenigen Jahren so dominierenden Kohle-Stahl-Verbund hatte es dagegen nie Anteil. Die Geschichte von AV, wie das Unternehmen sich selbst abkürzt, ist teilweise auch die Geschichte der Großchemie und natürlich auch der Stadt Marl (vgl. STEENBUCK 1982):

- 1907 wird die Interessengemeinschaft BASF, Bayer und Agfa Eigentümer des Bergwerks; 1916 kommt als ein weiterer Anteilseigner IG Farbenindustrie hinzu. Ziel der Übernahme von AV ist die kontinuierliche Sicherung der Kohle als Wärmeträger chemotechnischer Verfahren.
- 1913 errichtet BASF als erstes Unternehmen der Welt eine Großanlage für die Ammoniaksynthese. Das dazu benötigte Synthesegas liefert der AV-Koks – 30 000 t im Jahr 1913. Der Kohle-Chemie-Verbund ist begründet. Weitere Verfahren stärken diesen Verbund: Methanolsynthese, Kohlehydrierung. Bei all diesen Hochdrucksynthesen bilden Kohle und Koks den Rohstoffträger. Die Kohle bleibt daneben auch Grundlage der Wärmegewinnung.
- 1936 fällt die Standortentscheidung zur Gründung eines 2. Werkes für die Herstellung von synthetischem Kautschuk (Buna) zugunsten eines Geländes im Grundbesitz von AV in Marl. Es entstehen die Chemischen Werke Hüls (CWH), zunächst kurz Buna-Werke genannt. Nach zweijähriger Bauzeit beginnt ab 1940 die Produktion. AV-Kohle ist auch hier beteiligt bei der Deckung des Strombedarfs.
- Die Nachkriegszeit bringt erzwungenermaßen veränderte Unternehmensverflechtungen. BASF Ludwigshafen wird alleiniger Eigentümer von AV. Pläne zur Zusammenlegung von CWH und AV können nicht durchgesetzt werden.
- Zu Beginn der 60er Jahre ersetzt das Erdöl zunehmend die Kohle als Grundstoff; Teilstillegungen drohen AV (Kokerei; Schächte 1/2). 1962 wird als Reaktion darauf das BASF-Kraftwerk Marl gegründet, das aus zwei Blöcken zu je 125 Megawatt Strom durch Benutzung des Leitungsnetzes von VEW und RWE nach Ludwigshafen zu BASF liefert – seit 1962 insgesamt 28 Mrd. kWh Strom. Der Kohle-Chemie-Verbund löst sich auf zugunsten eines Kohle-Strom-Verbundes.
- Die Unternehmensstabilität von AV ist dadurch weiterhin in einer Weise gesichert, daß BASF mit Erfolg die Zustimmung verweigern kann, als 1969 AV nebst allen anderen Bergbaualtgesellschaften in die Ruhrkohle AG als Gesamtgesellschaft der Zechen des Ruhrgebietes überführt werden soll. AV erhält die Anerkennung als optimale Unternehmenseinheit; dies sichert ihre Eigenständigkeit.

Produktionstechnische Anforderungen, arbeitsmarktliches Gewicht und wohnungswirtschaftliche Maßnahmen von AV haben die Entwicklung und Struktur des Marler Ortsteils Hüls und nördlich angrenzender Bereiche bestimmt (vgl. KNÖLLNER 1965 und RINGLEB 1981). Der Expansionsverlauf des Unternehmens läßt sich chronologisch nachvollziehen entlang einer Linie Viktoriastraße – Carl-Duisberg-Straße – Kanalhafen/Sickingmühle bis jenseits der Lippe im Halterner Ortsteil Lippramsdorf-Freiheit.

Der Gründungsstandort um die bis 1966 stillgelegten Schächte 1/2 nördlich der Viktoriastraße ist überwiegend brachgefallen (ehemaliges Kokereigelände) bzw. umfaßt Verwaltungsgebäude, die Lehrwerkstatt und verschiedene Lagerplätze. Mehrere Bergarbeitersiedlungen, von denen die Siedlung Hüls in besonderer Weise den Ensemblecharakter bewahrt hat, schließen sich an das Gelände an; nach Nordosten hin begrenzt die durch AV betriebene Halde Brinkfortsheide diesen Standortbereich. Für die Halde ist im übrigen eine erhebliche Erweiterung in nördliche Richtung planerisch verankert.

Der Bereich um die Schächte 3/7 erfaßt die erste Expansionsphase. Schacht 3 wurde 1937 in Betrieb genommen. Seit 1964 ist dies der ausschließliche Förderstandort; er umfaßt zudem die übrigen zentralen Produktionsanlagen, u. a. die Kohlenwäsche und Flotation, das Kohlenmischlager sowie Verladeeinrichtungen. AV förderte 1983 ca. 2,8 Mio. t Kohle bei einem Belegschaftsstand von etwa 5770 Beschäftigten, davon unter Tage 3100 Bergleute (höchster Belegschaftsstand 1957 mit ca. 11 000 Beschäftigten). Unmittelbar nördlich von AV 3/7 befindet sich das BASF-Kraftwerk, für das Pläne zu einer Erweiterung um einen 750-Megawatt-Block bestehen.

Bereits 1966 machte AV über Tage den Sprung nach Norden über die Lippe, als die Einrichtung eines Wetterschachtes AV 8 unterhalb von Lippramsdorf-Freiheit erforderlich wurde. Im Zuge der weiteren Erschließung des AV-Feldes ist dieser Schacht inzwischen zu einem Personenseilfahrt- und Materialtransportschacht ausgebaut und nach 3½jähriger Bauzeit 1982 seiner Bestimmung übergeben worden. Mit diesem Schacht ist das Grubenfeld von AV beiderseits der Lippe (Mächtigkeit des Deckgebirges rd. 900 m) bergmännisch aufgeschlossen und die zweite Expansionsphase beendet.

Für AV ist bereits die letzte Erschließungs- und Expansionsphase Realität, nämlich die Einbindung und untertägige Aufschließung des Nordfeldes zwischen Lippramsdorf und Tannenberg in der Hohen Mark: Mitte 1983 hat AV beim zuständigen Bergamt Marl in einem dafür erforderlichen Rahmenbetriebsplan den Antrag zum Niederbringen (Abteufen) eines Wetter- und Seilfahrtschachtes AV 9 in Tannenberg gestellt. Nach den Verfahren in der Haard und im Cappenberger Wald wird zum dritten Mal innerhalb von sieben Jahren ein bergbaulicher Anspruch auf einen übertägigen Eingriff in eine geschlossene, landschaftlich intakte Waldzone angemeldet. Das Argument des Bergbaus ist auch hier, daß der Standort betrieblich optimal liegt, und zwar hinsichtlich Bewetterung des Nordfeldes, Grubensicherheit, geotektonischer Situation und Erschließungsmöglichkeit, Verkehrsanbindung und Grundeigentum.

Dem steht – wie in den beiden anderen Fällen auch – das ebenso grundsätzliche raumordnerische Ziel der Erhaltung intakter zusammenhängender Freiräu-

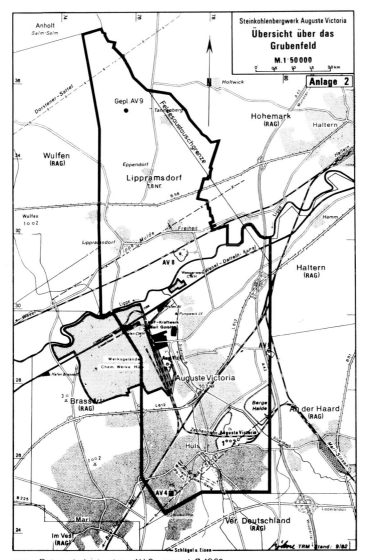

aus : Rahmenbetriebsplan AV 9 vom 4.7.1983

Abb. 7: Grubenfeld Gewerkschaft Auguste Victoria

me entgegen, das sich im einzelnen zwar aufgliedert in die Ziele des regionalen Klimaschutzes, des Landschafts- und Biotopschutzes, des Wasserschutzes, des Immissionsschutzes sowie der Sicherung von Freizeit- und Erholungsräumen, jedoch erst in der Verknüpfung aller Teilziele seine besondere Bedeutung und sein Gewicht erhält (vgl. auch Kommunalverband Ruhrgebiet 1979).

Auch hier ist eine regionalpolitische Grundsatzentscheidung gefordert. Da die Ergebnisse in der Haard nicht nur vom Bergbau gerne als „gelungener Kompromiß zwischen Ökonomie und Ökologie" zitiert werden, werden sie vermutlich auch bei der Entscheidung um AV 9 Pate stehen. Die vielschichtige Konfliktlage wird dann reduziert auf die einfache Formel von der geringen Flächeninanspruchnahme (ca. 5–8 ha), der man zudem durch Aufforstung an anderer Stelle wirksam begegnen zu können glaubt.

8. Bergsenkungen und Lippeeindeichung bei Marl und Haltern-Lippramsdorf

Überquert man die Lippe zwischen Marl-Sickingmühle und Haltern-Lippramsdorf auf der Kreisstraße K 22, so erkennt man mit Blick nach Westen großmaßstäbige und umfängliche Eindeichungen des Flusses. Diese Maßnahme ist als Reaktion auf bereits begonnene und verstärkt zu erwartende Bergsenkungen in diesem Bereich getroffen worden.

Bergsenkungen sind Senkungen der Erdoberfläche, die dadurch hervorgerufen werden, daß die beim Kohleabbau entstandenen untertägigen Hohlräume (durch Nachfallen des hangenden Gesteins) einstürzen. Die Senkungen entsprechen – je nach geologischer und tektonischer Gegebenheit – zu 80 bis 95 % dem Volumen der Hohlräume. Versatz, d. h. das Einbringen von Bergematerial in diese Hohlräume, würde diesen Senkungsvorgang zwar bis maximal etwa 60 % verringern; die heutigen Abbaumethoden sowie die jeweilige Flözmächtigkeit lassen Versatztechniken jedoch nicht mehr, noch nicht wieder oder nur bedingt zu. Die Senkungen an der Erdoberfläche folgen dem Einsturzvorgang unter Tage mit einem Zeitverzug von nur einigen Tagen bis zu mehreren Wochen.

Der von der Eindeichungsmaßnahme betroffene Raum unterliegt dem Abbau durch die Zeche Auguste Victoria in Marl und Haltern-Lippramsdorf. Senkungsberechnungen haben ergeben, daß bis 1995 bei Lippehochwasser Teile der Lippeaue bis zu 7 m überstaut würden und der gesamte Bereich zwischen der künstlichen Geländestufe des Wesel-Datteln-Kanals im Süden und der natürlichen Terrassenkante im Norden überflutet würde. Neben den Überflutungen wären erhebliche Störungen der Vorflut im gesamten lippenahen Raum zu erwarten.

Der Lippeverband als der zuständige Träger der Wasserbaumaßnahme entschloß sich nach Abstimmung mit dem Verursacher AV, den betroffenen Landwirten und Grundeigentümern sowie den übrigen Planungsbeteiligten zu einer Eindeichung. Vorausgegangen waren vier Jahre während umfangreiche wasserwirtschaftliche, wasserbautechnische, geologische, landschaftsökologische und landschaftsgestalterische Untersuchungen verschiedener Institute, bevor im November 1982 mit dem Bau begonnen wurde.

Eine grundlegende Veränderung des Lippetales, das als einer der letzten naturnahen Gewässerläufe des nördlichen Ruhrgebietes und damit auch als

prägender Landschaftsteil zu bewerten ist, hat stattgefunden. Welche Gesamt-
auswirkungen auf den Naturhaushalt und die klimatischen Zusammenhänge der
Region zu erwarten sind, kann noch gar nicht abgeschätzt werden. Nachdem die
Lippe schon in den Räumen Lünen und Dorsten als Folge von Bergsenkungen
streckenweise eingedeicht worden ist, ist dies nunmehr auch für die übrigen
Abschnitte, unter denen hindurch der Bergbau nach Norden wandert, vorgese-
hen.

Rückblick und Ausblick

Die bisherigen Ausführungen haben deutlich gemacht, daß die bergbauliche
Prägung und industrielle Folgeentwicklung in unterschiedlicher Weise die ver-
schiedenen Teilräume des Ruhrgebietes überformt hat. Dem hochverdichteten
Kernraum (Hellweg- und Emscherzone) stehen die Randzonen im Süden und
Norden gegenüber, die aufgrund ihrer natürlichen Ausstattung und Entwicklung
vorrangig durch Wohn- und Freiraumfunktionen mit inselhaften Großindustrie-
Standorten geprägt sind. Diese Randgebiete unterliegen im Zuge der Suburbani-
sierung einem wachsenden Siedlungsdruck, die als besonders bevorzugter
Naherholungsraum genutzte Lippezone bei der Nordwanderung des Bergbaus
zusätzlichen Flächenansprüchen der gewerblich-industriellen Inanspruchnahme
(vgl. KUNZMANN/WINTER 1982, Reg.-Präs. Münster 1983 a/b, HOMMEL
1984). Insbesondere in den südlichen Zonen des Reviers spielt die Problematik
einer sinnvollen Wiedernutzung ehemaliger Zechenstandorte (Flächenrecycling)
sowie im gesamten Ruhrgebiet die Frage der Privatisierung, Sanierung und
Modernisierung von Arbeitersiedlungen eine große Rolle.

Die Nordwärtswanderung des Bergbaus bringt in Verbindung mit veränderten
Abbautechniken und mit Gesichtspunkten der Kohleverwertung eine Vielzahl
von Problemen mit sich. Es werden nicht nur Flächen für neue Betriebsanlagen
benötigt, sondern vorrangig auch Standorte für Bergehalden und für neue
Kraftwerke als Hauptabnehmer der Kohleförderung. Die sachlichen Teilabschnit-
te „Bergehalden" der Gebietsentwicklungspläne für die Regierungsbezirke Münster, Arnsberg und Düsseldorf sehen bis etwa zum Jahre 2000 insgesamt 30
Haldenstandorte vor, von denen 25 bereits mit Bergematerial beschickt werden
und fünf weitere Flächen vorsorglich gesichert werden sollen. Der Raumbedarf
für weitere industrielle Folgebetriebe, z. B. solche der Kohlevergasung und
-verflüssigung, ist derzeit noch nicht absehbar, langfristig aber durchaus zu
beachten. Weiterer Bergarbeiterwohnungsbau ist zwar von den Bergbauunter-
nehmen nicht mehr in großem Umfang geplant bzw. die Planvorstellungen sind
erheblich zurückgenommen worden; indessen werden in einigen, auf Einwoh-
nerzuwachs bedachten Gemeinden der Lippezone und des südlichen Münster
landes größere Wohnsiedlungsreservegebiete u. a. auch für zuzugswillige Bergleute planungsrechtlich ausgewiesen.

Die weitere bergbaulich-industrielle Inanspruchnahme der Lippezone ist aus
ökonomischen und arbeitsmarktlichen Gründen unabdingbar. Es ist anzuerken-
nen, daß der Bergbau sich dabei sehr darum bemüht, die Eingriffe in die
Landschaft in Grenzen zu halten. Da jedoch der Norden des Kreisgebietes

Recklinghausen seit 1963 zum damals gegründeten Naturpark Hohe Mark gehört, verdient dieser Raum mit seinen Vorrangfunktionen für Natur und Landschaftsschutz, Erholung, Wasserwirtschaft, ökologischen Ausgleich und Klimaaustausch auch einen entsprechenden Bestandsschutz zugunsten dieser bisherigen Aufgaben. Hieraus kann nur folgen, daß bergbaulichen und bergbauverbundenen Raumansprüchen nicht mehr bei kurzfristig angemeldetem Bedarf entsprochen werden sollte, sondern nur im Rahmen einer mittel- bis langfristigen, geordneten Entwicklungsplanung, bei der die Bergbaufolgen für die Lippezone – selbst wenn finanzielle Mehrkosten dadurch verursacht werden – so gering wie möglich zu halten sind. Dabei wird planerisch sogar die Möglichkeit erwogen, „Taburäume" im nördlichen Ruhrgebiet festzulegen, in denen bergbauliche Eingriffe auf keinen Fall vorgenommen werden dürfen.

Literatur

Achilles, Fritz-Wilhelm (1983): Dortmund und das östliche Ruhrgebiet. Landeskundliche Einführung und Exkursionsführer. Paderborn.

Bollerey, Franziska und Kristiana Hartmann (1975): Wohnen im Revier. Siedlungen vom Beginn der Industrialisierung bis 1933. Analyse – Bewertung – Chancen. In: Stadtbauwelt 46, S. 84–100.

Bund, Karl-Heinz (1983): Steinkohlentag 1983. In: Bergbau Informationen – Sonderdruck. Essen.

Cordes, Gerhard (1972): Zechenstillegungen im Ruhrgebiet (1900–1968). Die Folgenutzung auf ehemaligen Bergbau-Betriebsflächen. Essen (= Schriftenreihe des Siedlungsverbandes Ruhrkohlenbezirk, H. 34).

Dege, Wilhelm und Wilfried Dege (1983): Das Ruhrgebiet. 3. Aufl., Kiel (= Geocolleg 3).

Dodt, Jürgen und Alois Mayr (1976): Bochum im Luftbild. Paderborn (= Bochumer Geogr. Arb., Sonderreihe, Bd. 8).

Dodt, Jürgen und Alois Mayr (1977): Bochum im Luftbild. Ausgewählte Bildmotive für den Unterricht. Paderborn.

Energie und Umwelt (1984). In: Informationen zur Raumentwicklung, Jg. 1984, H. 7/8.

Finke, Lothar und Reinhold E. Lob (1977): Die Haard – ein Musterbeispiel für die systematische Entwertung eines wichtigen Naherholungsgebietes. In: Natur und Landschaft, Jg. 52, H. 5, S. 123–127.

Heineberg, Heinz und Alois Mayr (1983): Östliches und mittleres Ruhrgebiet. Entwicklungs- und Strukturzonen unter siedlungs-, wirtschafts-, sozialräumlichen und planerischen Aspekten. In: Heineberg, Heinz und Alois Mayr (Hrsg.): Exkursionen in Westfalen und angrenzenden Regionen. Festschrift zum 44. Dt. Geographentag in Münster 1983, Teil II, Paderborn, S. 119–150 (= Münstersche Geogr. Arb., H. 16).

Hendricks, Josef (Hrsg.) (1983): Das Ruhrgebiet. Grundlegende Informationen für seine Behandlung im Unterricht. Münster (= Schriftenreihe des Westfälischen Heimatbundes, Fachstelle Schule, H. 7).

Hommel, Manfred (1984): Raumnutzungskonflikte am Nordrand des Ruhrgebietes. In: Erdkunde, Jg. 1984, Bd. 38, H. 2, S. 114–124.

Hottes, Karlheinz und Jean-Claude Marandon (1979): Steinkohlewirtschaft im Ruhrgebiet und im Aachener Steinkohlenrevier. Hannover (= Deutscher Planungsatlas, Bd. I, Nordrhein-Westfalen, Lieferung 21).

Innovationsförderungs- und Technologietransfer-Zentrum der Hochschulen des Ruhrgebietes (ITZ) (Hrsg.) (1982): Bergewirtschaft. Essen (= ITZ–Schwerpunktheft, Ausgabe Nr. 2, Jg. 1/1982).

Knöllner, Fritz (1965): Recklinghausen, Oer-Erkenschwick und Marl. Eine vergleichende Studie zur Wirtschafts- und Sozialstruktur. In: Festschrift zum 35. Dt. Geographentag in Bochum 1965. Paderborn, S. 193–207 (= Bochumer Geogr. Arb., H. 1).

Kommunalverband Ruhrgebiet (Hrsg.) (1979): Freiflächen-Rahmenplan Kreis Recklinghausen. Essen (= Planungshefte Ruhrgebiet P 005).

Konze, Heinz (1975): Entwicklung des Steinkohlenbergbaus im Ruhrgebiet (1957–1974). Grundlagen und Strukturdaten für die Stadt- und Regionalplanung. Essen (= Schriftenreihe Siedlungsverband Ruhrkohlenbezirk, H. 56).

Kostka, Reinhard (1981): Wohnwerterhaltung und Wohnwertgestaltung in Arbeitersiedlungen. In: Freizeit und Naherholung im Verdichtungsraum Rhein-Ruhr. Essen, S. 89–103 (= Arbeitshefte Ruhrgebiet A 006 [zugleich Materialien zur Angewandten Geographie, Bd. 4]).

Kunzmann, Klaus R. und Ulrich Winter (1982): Zur Bewältigung von Folgewirkungen zukünftiger Bergbautätigkeit in der Lippezone. In: Raumforschung und Raumordnung 40, S. 210–226.

von Kürten, Wilhelm (1973): Landschaftsstruktur und Naherholungsräume im Ruhrgebiet und seinen Randzonen. Paderborn (= Bochumer Geogr. Arb., Sonderreihe, 1).

Lampe, Peter, Friedrich-Wilhelm Steimann, Wilhelm Rütz, Henning Schulze und Gerhard Grosser (1978): Zielkonflikte in der Regionalplanung – Das Beispiel Haard –. Münster (= Materialien zum Siedlungs- und Wohnungswesen und zur Raumplanung, Bd. 20).

Landesregierung NW (1979): Politik für das Ruhrgebiet – Das Aktionsprogramm. Düsseldorf Sept.

Landesregierung NW (1983): Antwort auf die Kleine Anfrage 906 der Abgeordneten Wendzinski und Hentschel SPD v. 18. 5. 1983 (= Landtags-Drucksache 9/2408).

Lob, Reinhold (1979): Umweltprobleme im Ruhrgebiet. Paderborn (= Fragenkreise, Nr. 23521).

Minister für Landes- und Stadtentwicklung des Landes NW (1981): Grundstücksfonds Ruhr – Rechenschaftsbericht. Düsseldorf (= MLS informiert, H. 5).

Ders. (1984 a): Landesentwicklungsplan III – Umweltschutz durch Sicherung von natürlichen Lebensgrundlagen – Entwurf. Stand Januar 1984. Düsseldorf.

Ders. (1984 b): Landesentwicklungsplan V – Gebiete für die Sicherung von Lagerstätten – Entwurf. Stand 24. Januar 1984. Düsseldorf.

Ders. (1984 c): Freiraumbericht. Düsseldorf (= MLS informiert 1/84).

Ministerpräsident des Landes NW (Hrsg.) (1979): Landesentwicklungsplan VI – Festlegung von Gebieten für flächenintensive Großvorhaben (einschließlich Standorte für die Energieerzeugung). Düsseldorf (= Schriftenreihe des Ministerpräsidenten des Landes NW, H. 41).

Ders. (1984): Landesentwicklungsbericht Nordrhein-Westfalen 1982. Düsseldorf.

Ragsch, Achim und Lore Ponthöfer (o. J., ca. 1982): Wirtschaftsraum Ruhrgebiet. Genese – Strukturen – Planung. Materialien zu einer Raumanalyse. Frankfurt/M. (= Kollegmaterial Geographie).

Regierungspräsident Münster (Hrsg.) (1982): Rahmenkonzept für Bergehalden im nördlichen Ruhrgebiet. Münster Stand Nov. 1982.

Ders. (1983 a): Gebietsentwicklungsplan – Teilabschnitt Nördliches Ruhrgebiet – Entwurf. Münster.

Ders. (1983 b): Nordwärtswandern des Bergbaus im Regierungsbezirk Münster. Dokumentation. Münster.

Ders. (1984): Gebietsentwicklungsplan Reg.-Bez. Münster, Teilabschnitt Bergehalden im Nördlichen Ruhrgebiet. Münster.

Ringleb, Anneliese (1981): Die nordöstliche Randzone des Reviers. Wandel des Amtes Marl zur modernen Industriestadt. In: Westfalen – Nordwestdeutschland – Nordseesektor. Festschrift für W. Müller-Wille. Münster, S. 87–99 (= Westf. Geogr. Studien, H. 37).

Ruhrkohle AG (Hrsg.) (1981): Fragen zur Bergewirtschaft. Essen.

Schneider, Siegfried (1983): Streit um die Haard (UE Klasse 9). In: Praxis Geographie, H. 8, S. 35–40.

Schnell, Peter (1982): Die Lippezone als Freizeit- und Erholungsraum. In: Natur- und Landschaftskunde in Westfalen, Jg. 18, S. 73–80.

Stadterneuerung auf innerstädtischen Gewerbe- und Industriebrachen (1984). In: Informationen zur Raumentwicklung, Jg. 1984, H. 10/11.

Stadt Witten, Amt für Statistik, Stadtforschung und Öffentlichkeitsarbeit (Hrsg.) (1983): Stadt Witten. Bergbaurundweg Muttental. 2. Aufl., Witten.

Steenbuck, Kurt (1982): Die Gewerkschaft Auguste Victoria. Ihre Gründung und ihr Weg im Verbund mit BASF. Hrsg.: Gewerkschaft Auguste Victoria. Marl.

Steinberg, Heinz Günter (1967): Sozialräumliche Entwicklung und Gliederung des Ruhrgebietes. Bad Godesberg (= Forschungen zur deutschen Landeskunde, Bd. 166).

Stenzel, Wolfgang (1983): Probleme und Möglichkeiten der Verbringung von Bergematerial des Steinkohlenbergbaus im Ruhrgebiet. Bochum (= Ruhr-Forschungsinstitut für Innovations- und Strukturpolitik, Nr. 9).

Tiggemann, Werner (1965): Das Muttental bei Witten. In: Der Anschnitt. Zeitschrift für Kunst und Kultur im Bergbau, Jg. 17, H. 1, S. 3–29.

Verordnung über Großfeuerungsanlagen (1983): – 13. BImSchV. In: Bundesgesetzblatt 1983, S. 719ff.

Wüstenfeld, Gustav Adolf (1975): Frühe Stätten des Ruhrbergbaus. Wetter. Unterlagen der Städte Castrop-Rauxel, Herten und Recklinghausen.

Nach Abschluß des Beitrags ist erschienen:

Steinberg, Heinz Günter (1985): Das Ruhrgebiet im 19. und 20. Jahrhundert. Ein Verdichtungsraum im Wandel. Münster (= Siedlung und Landschaft in Westfalen, hrsg. von der Geographischen Kommission für Westfalen, H. 16).

Südliche Westfälische Bucht:

VON DER EMS ZUR MÖHNE

Manfred Hofmann

Exkursionsverlauf

Eintägige Busexkursion, ca. 120 km ab Rietberg oder Delbrück, Ende in Rüthen.

Karten

TK 1:200 000 (Hrsg.: IAG, Frankfurt/M.) Blatt: CC 4710 Münster
TK 1:50 000 (Hrsg.: LVA NW) Blätter: L 4116 Gütersloh, L 4314 Beckum, L 4316 Lippstadt, L 4514 Soest, L 4516 Büren oder Kreiskarte 1:50 000 (Hrsg.: LVA NW) Nr. 16 Kreis Soest
Geologische Karte 1:100 000 (Hrsg.: Geologisches Landesamt NW) Blätter: C 4314 Gütersloh, C 4714 Arnsberg

Zielsetzung

Zwischen Ems und Möhne erfolgt der Übergang vom Norddeutschen Tiefland zur Mittelgebirgsschwelle des Rheinischen Schiefergebirges. Die hier auftretenden Kleinlandschaften sollen charakterisiert und aufgrund ihrer Merkmalskombination den großräumigen Landschaftseinheiten zugeordnet werden.

Routenbeschreibung

Obere Emsniederung

Knapp östlich von Rietberg biegt die Ems aus der SW-Richtung, die sie bis dahin eingehalten hat, in die NW-Richtung um, so daß ein Flußknie entsteht. Da das Gelände beiderseits des Flusses nur sehr schwach geneigt und weitgehend eben ist, bereitet die Entwässerung Probleme. Das Grundwasser steht dicht unter der Oberfläche an, und die Entwässerungsrichtung ist unentschieden. Es kommt sogar zu Wasserübertritten in das Flußsystem der Lippe.

Oberflächennah wird das Gebiet vorwiegend aus sog. Talsanden aufgebaut, die den gesamten Raum zwischen Teutoburger Wald und Senne im Norden bzw. Osten, den Beckumer Bergen im Westen und dem Hellweg im Süden bedecken. Eine schwache Reliefierung bewirken lediglich die leicht eingeschnittenen Fluß- und Bachläufe, die akkumulierten Flugsanddecken und Dünen, die sich als flache Schwellen wenige Dezimeter bis Meter über das allgemeine Niveau erheben, sowie einige saaleeiszeitliche Moränenablagerungen. Soweit die Dünen- und Flugsanddecken nicht abgegraben oder eingeebnet und in Ackerland umgewandelt wurden, tragen sie heute meist Nadelholzforsten. In den Bachtälern und auf den Terrassenflächen dominieren Grünland- und Ackernutzung.

Aufgrund des geringen Grundwasserflurabstandes und der hohen Feuchtigkeit im Boden wurden seit Jahrzehnten Entwässerungsmaßnahmen durchge-

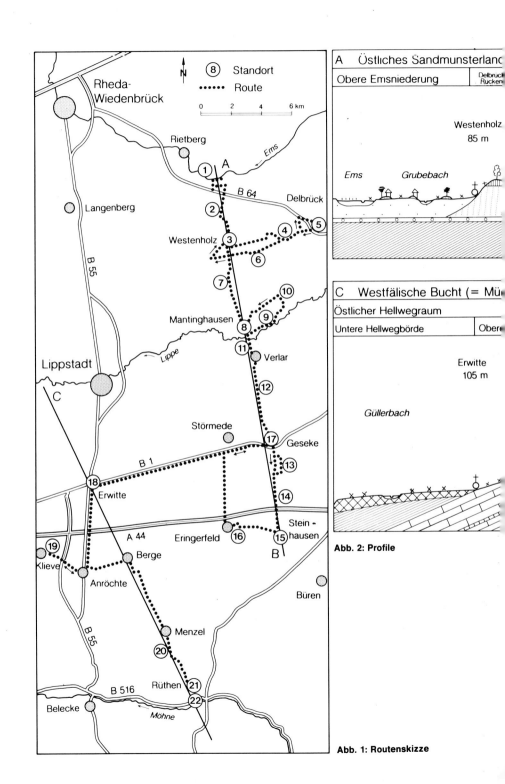

Abb. 1: Routenskizze

Abb. 2: Profile

A   Östliches Sandmünsterland

Obere Emsniederung | Delbrück Rücken

Westenholz 85 m

Ems   Grubebach

C   Westfälische Bucht (= Mü...

Östlicher Hellwegraum

Untere Hellwegbörde | Ober...

Erwitte 105 m

Güllerbach

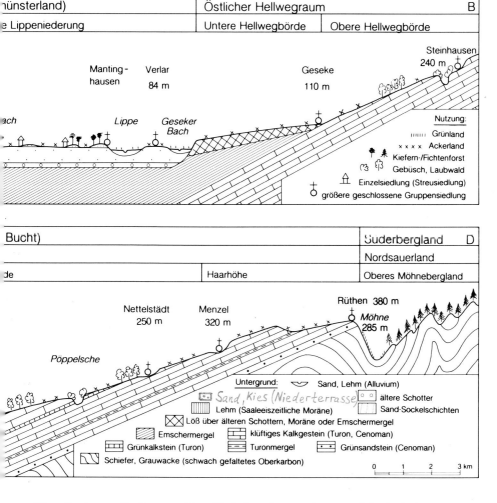

Östlicher Hellwegraum — B

Untere Hellwegbörde | Obere Hellwegbörde

Manting-
hausen | Verlar
84 m | Geseke
110 m | Steinhausen
240 m

ach | Lippe | Geseker
Bach | Nutzung:

ıııııı Grünland
x x x x Ackerland
Kiefern-/Fichtenforst
Gebüsch, Laubwald
Einzelsiedlung (Streusiedlung)
größere geschlossene Gruppensiedlung

Bucht) — Suderbergland — D

Nordsauerland

de | Haarhöhe | Oberes Möhnebergland

Nettelstädt
250 m | Menzel
320 m | Rüthen 380 m
Möhne
285 m

Pöppelsche

Untergrund: Sand, Lehm (Alluvium)
Sand, Kies (Niederterrasse)
ältere Schotter
Lehm (Saaleeiszeitliche Moräne)
Sand-Sockelschichten
Löß über älteren Schottern, Moräne oder Emschermergel
Emschermergel
klüftiges Kalkgestein (Turon, Cenoman)
Grünkalkstein (Turon)
Turonmergel
Grünsandstein (Cenoman)
Schiefer, Grauwacke (schwach gefaltetes Oberkarbon)

0 1 2 3 km

führt. Doch erst die jüngsten Eingriffe haben das einstige natürliche hydrologische Gefüge grundlegend verändert. Es wurden tiefe Gräben mit trapezförmigen Regelprofilen geschaffen, die über weite Strecken gradlinig verlaufen. Durch diese Entwässerungsmaßnahmen wurden z. T. selbst die Niederungen ackerfähig. Mais ist heute die vorherrschende Feldfrucht.

Die landwirtschaftlichen Betriebe liegen als Einzelhöfe oder lockere Hofgruppen über die Flur verstreut. Trotz der Veränderungen durch die Flurbereinigung ist das Gelände noch relativ kleinkammerig gegliedert. Kleine Baumgruppen an den Gehöften, Baumreihen an den Gräben sowie Einzelbäume auf den Weiden und Reste einst ausgedehnter Hecken am Rande der Weidekoppeln vermitteln

117

zusammen mit den kleinen Wäldchen, den verstreuten Gehöften und den vielen noch relativ kleinen Acker- und Grünlandparzellen den Eindruck einer abwechslungsreichen Landschaft.

1. Wanderung an der Ems

Von der B 64 Münster–Paderborn ca. 3,5 km südöstlich von Rietberg bei Kilometerstein 2,6 nach N abbiegen in einen schmalen Seitenweg Richtung Ems. An der Abzweigungsstelle liegt eine Gruppe von Bauernhöfen, einer dieser Höfe unterhält (gut einsehbar) Fischteiche. Nach ca. 500 m, an der Wegegabelung Fahrzeug abstellen und zu Fuß weiter, nach links über den durch eine Schranke abgesperrten Feldweg bis zur Ems, dann flußaufwärts. Je nach Zeit entweder bereits unmittelbar vor oder nach dem 1. Wäldchen zum Ausgangspunkt zurück, oder emsaufwärts bis zum Rieländerhof (ca. 1 km), gegenüber der Hofeinfahrt nach SO, am Entwässerungsgraben entlang (an Grabenböschung Podsol/Gley Bodenprofile sichtbar!), nach etwa 250 m Graben queren (schmales Brett) und über Waldweg zum Fahrzeug zurück.

Um Überflutungen und Wasserübertritte zu verhindern, wird die Ems zwischen Deichen geführt. Das durch die Deiche sickernde Wasser wird nach S abgeleitet. Im Flußbett beobachtet man Sandablagerungen; besonders nördlich der Ems dehnen sich ebene, feuchte Grünlandflächen aus, während südlich verstärkt Ackerparzellen zwischen tiefen Entwässerungsgräben angetroffen werden. Kleine Wäldchen, mit Bäumen bepflanzte Graben- und Wegeränder sowie kleine Gehölzgruppen an den verstreuten Einzelhöfen bewirken eine abwechslungsreiche Flurgliederung.

Wieder in Richtung B 64, etwa 200 m vor der B 64 nach links (NO) in Richtung Schöning, links schwach ansteigende Flugsanddecke, am Übergang zum Gehölzstreifen Böschungskante mit Podsolbodenprofil; nach Querung eines größeren Entwässerungsgrabens an der Kreisgrenze nach S, über die B 64 hinweg in Richtung Westenholz.

2. Beobachtungen während der Fahrt nach Westenholz

Unmittelbar südlich der B 64 sind die Flugsandschwellen besonders deutlich. Sie tragen kleine Wäldchen und einzelne Bauernhöfe. Bei vielen Bauernhöfen fallen niedrige, langgestreckte Gebäude oder Gebäudegruppen mit zahlreichen Entlüftungskaminen auf. Es handelt sich um Geflügelställe. Hinweisschilder an der Straße auf Geflügelbrütereien oder -mastbetriebe verdeutlichen diesen Produktionsschwerpunkt in der oberen Emsniederung. Im außerlandwirtschaftlichen Bereich haben die Holzverarbeitung und die Möbelherstellung Bedeutung.

Über den zum gradlinigen Entwässerungsgraben degradierten Grubebach nach Westenholz. Unmittelbar am Ortschild rechts der Straße größerer Bauernhof mit Längsdielenhaus, verziertem Dielentor, zahlreichen Nebengebäuden, Eichenhain, benachbartem Kotten. In der Nähe der Kirche parken, Rundgang durch den Ortskern ringsum die Kirche.

3. Westenholz (Kirchdorf)

Westenholz ist ein typischer Versorgungsort im Streusiedlungsgebiet des Münsterlandes. In der Nähe der Kirche befinden sich ausschließlich Gebäude mit

Dienstleistungs- und Wohnfunktion: Geschäfte und Handwerksbetriebe, Tankstelle, Sparkassen, Gaststätten, Verwaltungsgebäude, Pfarrhaus, Schule etc. Die meisten dieser Gebäude dienen gleichzeitig als Wohnhäuser. Reine Wohnhäuser, meist Ein- und Zweifamilienhäuser, trifft man vor allem in den Neubauvierteln westlich und südlich des Zentrums, vorwiegend in Hanglage. Erst randlich des Versorgungszentrums findet man vereinzelt landwirtschaftliche Betriebe.

Delbrücker Rücken

Der Delbrücker Rücken, ein WSW-ONO gerichteter flachwelliger Höhenzug, erhebt sich bis zu 25 m über die Niederungen von Ems und Lippe. Er steigt an den Flanken relativ steil an und ist im mittleren Abschnitt weitgehend flach. Dort steht lehmiges Moränen-, an den Flanken und im tieferen Untergrund dagegen Sandmaterial an (s. Profil). Mit zunehmender Entfernung vom Niederterrassenniveau wird die Distanz zum Grundwasserspiegel immer größer.

4. Zentraler Teil des Delbrücker Rückens

Von der Kirche in Westenholz nach links, Richtung Lippstadt, nach etwa 200 m erneut nach links, Richtung Mantinghausen (Suternstr.). Am Scheitel des Delbrücker Rückens nach links, über den Obernheideweg (für Anlieger frei) in Richtung Delbrück. Am Ende des Obernheideweges links an Möbelfabrik vorbei, über gut ausgebaute Straße bis kurz vor Delbrück. Gegenüber Baumarkt nach links, über neuangelegten, kurvenreichen Lerchenweg Delbrücker Rücken queren. Dabei Bodenaufbau am Straßengraben verfolgen: am Fuß des Rückens tiefgründige humose Braunerde über Sand, Ackernutzung in großen Schlägen; im höheren Bereich Pseudogley aus hellgefärbtem Geschiebelehm, vorwiegend Grünland- oder Waldnutzung. Auf Nordabdachung des Delbrücker Rückens erste Abzweigung nach rechts nehmen, an gestauten Teichen, ehemaligen Ziegeleigruben, der Klinkerzentrale (Ziegeleifolgebetrieb!) vorbei zur B 64, auf dieser nach Delbrück (Zentrum).

Auf dem Lehmboden im zentralen Teil des Delbrücker Rückens stocken von Natur aus Buchen-Eichen-Wälder. Noch heute sind mehrfach kleine Buchenwaldbestände vorhanden. Landwirtschaftlich genutzt wird der schwer zu bearbeitende Boden hauptsächlich von kleinen landwirtschaftlichen Betrieben. Daneben begegnet man reinen Wohngebäuden, einigen Handwerksbetrieben und großen Werkshallen der Möbelindustrie. Die größeren und älteren Bauernhöfe liegen am Fuße des Delbrücker Rückens. Stellenweise wurde das Lehmmaterial zur Ziegeleigewinnung abgebaut, z. B. am Lerchenweg, Nähe Klinkerzentrale. Infolge der wasserstauenden Wirkung des Lehmmaterials ist es möglich, auf dem Rücken Teiche anzulegen.

5. Delbrück

Südlich der Kirche großer Parkplatz; leicht erreichbar, wenn man die Umgehungsstraße an der Ampel verläßt und in Richtung Zentrum fährt. Vom Parkplatz zu Fuß zur Kirche. Anschließend Zentrum östlich umfahren und über die Lange Straße Richtung Westenholz weiter.

Delbrück ist heute ein aktives Versorgungs- und Verwaltungszentrum für das gesamte Delbrücker Land. Es weist eine rege Neubautätigkeit auf, und es verfügt über ein relativ breites Arbeitsplatzangebot im sekundären und tertiären Sektor. Die Kirche im Zentrum des Ortes wird von einem Gebäudering umgeben. Da die Giebel der Häuser dem Kirchplatz zugewandt sind, entsteht ein Siedlungskomplex von hoher Geschlossenheit und Einheit. Die Anlage wird als Kirchhöfnersiedlung gedeutet, d. h. als eine Niederlassung von Siedlern, die nur wenig Ackerland besaßen. Die Kirchgründung erfolgte um 1200 von Paderborn aus.

6. Gereihte Siedlung am Südfuß des Delbrücker Rückens

Auf der gut ausgebauten Straße in Richtung Westenholz, bevor diese auf den Delbrücker Rücken hinaufführt, nach rechts abbiegen, über die Riegerstraße bis zum Ortsteil Sutern im Westen des Rückens. Von Sutern zur Straße Lippstadt-Westenholz, erneut nach Westenholz, um die Schleife zu schließen und das Nord-Süd-Profil fortzusetzen.

Am Südfuß des Delbrücker Rückens sind im Abstand von 80–100 m oder einem Vielfachen dieser Strecke zahlreiche größere Bauernhöfe aufgereiht. Die Besitzgrenzen zwischen den Höfen verlaufen mehr oder weniger senkrecht zur Straße. Sie sind an Hecken, Baumreihen und Gräben z. T. erkennbar. Die Reihung der Siedlungselemente, die streifenförmige Besitzgliederung und die Zuordnung von Hof und Parzelle, der sog. Hofanschluß, sprechen für eine ehemalige Hufensiedlung. Auf den gleichen Befund deuten die Ortsnamen: Riege, Hagen, Sudhagen, Sutern. Hinsichtlich der Hausform bieten zahlreiche Gehöfte Musterbeispiele für längs aufgeschlossene Einheitshäuser. Unmittelbar am Hof befinden sich kleine Eichenhaine. Zum Delbrücker Rücken hin dehnt sich Ackerland und zur Niederung hin Grünland aus. Charakteristisch sind die Bildstöcke mit Heiligenfiguren und die Kruzifixe an den Hofzufahrten und Wegegabelungen.

Obere Lippeniederung

Südlich des Delbrücker Rückens dehnt sich erneut eine auf den ersten Blick fast ebene Fläche aus. Sie gleicht in ihrer natürlichen Ausstattung weitgehend jener der Oberen Emsniederung, hebt sich aber in kulturgeographischer Sicht von ihr ab.

7. Boker Kanal und ehemaliges Bewässerungssystem in der Boker Heide

Von Westenholz in Richtung Mantinghausen, über den ausgebauten Haustenbach, zu einer wenig höheren Flugsandschwelle, auf der z. T. Kiefern stocken; an den Straßenböschungen ist das Sandmaterial angeschnitten. Am Südrand der Schwelle verläuft der Boker Kanal. Von der Straße aus kann man kanalabwärts noch einen Eisenschieber in der Kanalwand sehen. Er ermöglichte es, Wasser aus dem Kanal abzuzweigen und in Seitenkanäle zu leiten. Am Kanal entlang verlaufen heute Reit-und Wanderwege.

Ältere Kartenausgaben (bis Ende der 70er Jahre dieses Jahrhunderts) kennzeichnen das Gebiet in der Nähe des Boker Kanals vorwiegend als Grünland, das

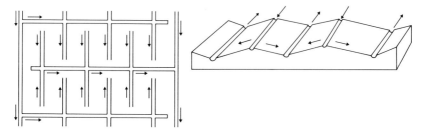

Abb. 3: Be- und Entwässerungssystem in der Boker Heide (obere Lippeniederung)

von zahlreichen gradlinigen Gräben durchzogen wird. Diese Gräben bildeten Teile eines Be- und Entwässerungssystems, das Mitte des 19. Jahrhunderts angelegt wurde, von dem gegenwärtig jedoch nur noch geringe Anhaltspunkte im Gelände wahrzunehmen sind, da das gesamte Gebiet in jüngster Zeit gründlich umgestaltet wurde. Vorhanden ist heute noch der Boker Kanal, der einst das Rückgrat dieses Grabensystems darstellte. Er zweigt knapp westlich von Schloß Neuhaus von der Lippe ab und mündet bei Lippstadt wieder in diese ein. Er hatte die Aufgabe, Lippewasser heranzuführen. Vom Boker Kanal führten Seitenkanäle ab, die sich vielfältig verästelten und das Wasser schließlich auf den Scheitel dachförmig angelegter Parzellen leiteten (vgl. Abb. 3). Von dort konnte das Wasser oberflächlich über die schwach geneigten Parzellen fließen. Dabei wurden die im Wasser vorhandenen Pflanzennährstoffe, Kalk und andere Mineralstoffe, von der Vegetation und den Bodenpartikeln wenigstens z. T. zurückgehalten, so daß sich eine Düngewirkung einstellte, die das Wachstum förderte. Das überschüssige Wasser wurde in Entwässerungsgräben abgezogen und weiter unterhalb wieder dem Boker Kanal zugeführt, wo es erneut genutzt werden konnte. Ein übergeordneter Entwässerungsgraben war der Delbrück-Cappeler Graben, der in den topographischen Karten ebenfalls noch verzeichnet ist. In der zweiten Hälfte des letzten und in der ersten Hälfte dieses Jahrhunderts gab es am Oberlauf der Lippe neben der Boker Heidesozietät mehrere Gemeinschaften, die ähnliche Bewässerungssysteme unterhielten.

Da die vielen Gräben, Schleusen, Wehre und sonstigen Einrichtungen laufend unterhalten werden mußten, war dieses Bewässerungs- und Düngesystem sehr arbeitsaufwendig. Als man verstärkt Maschinen und Kunstdünger einsetzte, bemühte man sich zunehmend, die Parzellen zu vergrößern, um eine rationalisierte Betriebsführung zu erreichen. Viele Gräben wurden zugeschüttet und die dachförmigen Rücken eingeebnet. Im Rahmen der jüngsten Flurbereinigungsmaßnahmen wurde dieses Berieselungssystem völlig beseitigt. Statt dessen wurden tiefe Entwässerungsgräben angelegt, die den Grundwasserspiegel absenkten und das ehemalige Grünland ackerfähig machten. Bei der Durchfahrt sieht man zahlreiche tiefe Gräben mit Regelprofil und gradlinigem Verlauf. Landwirte, die ihre Parzellen weiterhin als Grünland nutzen wollen, erleiden durch die Grundwasserabsenkung Nachteile, so daß die Ackernutzung notwendigerweise stetig zunimmt. Mais stellt gegenwärtig die dominierende Feldfrucht dar.

Während der Fahrt nach Mantinghausen erkennt man bei genauerem Zusehen mehrfach kleine Erhebungen, die die Ebene z. T. nur wenige Dezimeter überragen. Es handelt sich um Dünen und Flugsanddecken. Auf oder am Rande dieser äolischen Schwellen liegen Einzelhöfe in lockerer Streusiedlung, während die tieferen und ehemals feuchteren Bereiche siedlungsfrei sind. Viele Dünen und Sanddecken wurden inzwischen ganz oder bis auf kleine Reste abgetragen. Kleine Dünenreste beobachtet man vor allem innerhalb der Kiefernwäldchen. An ihrem Rande treten sehr häufig markante Böschungen auf, an denen man das Sandmaterial oftmals frisch angeschnitten vorfindet.

8. Mantinghausen

Im Gegensatz zu Westenholz rücken in Mantinghausen bereits mehrere größere Bauernhöfe relativ nah aneinander und an die Kirche heran, so daß eine kleine, noch sehr locker angeordnete bäuerliche Gruppensiedlung mit einigen elementaren Versorgungseinrichtungen entsteht.

9. Uferwall und Flußbegleitdünen nördlich der Lippe

Von Mantinghausen über die Lippeuferstraße in Richtung Boke, in Untereichen nach NW, an mehreren Sand- und Kiesbaggereien vorbei und über einen der nach SW verlaufenden Wirtschaftswege zurück nach Mantinghausen.

Östlich von Lippstadt ist am Nordufer der Lippe über viele Kilometer ein flacher Uferwall ausgebildet; er ist meist zwischen 100–500 m breit, aus Fein- und Mittelsand aufgebaut und der oberen (= älteren) Niederterrasse aufgelagert. Oft wird er jedoch von jüngeren Flußbegleitdünen überprägt.

Etwa 1 km östlich von Mantinghausen schneidet eine größere Naßabgrabung in den Uferwall und die darunter lagernden Terrassensande und -kiese ein. An den frischen Abgrabungswänden kann man das anstehende Material und oberflächennah die Horizontfolge des hier typischen Podsolbodentyps gut erkennen. Im Kiefernforst östlich der Naßabgrabung liegen z. T. gut ausgeprägte Flußbegleitdünen. Andere wurden zur Sandgewinnung abgebaut und die Abgrabungsbasis erneut aufgeforstet. Die Kieferngehölze und benachbarten Ackerparzellen unmittelbar nördlich und östlich des Baggersees bergen zahlreiche Hügelgräber, die zwischen älterer Bronzezeit und vorrömischer Eisenzeit angelegt wurden und mehrfach Ziel archäologischer Untersuchungen waren.

10. Sand- und Kiesabgrabungen in der oberen Lippeniederung

Im Gegensatz zum Gebiet an der oberen Ems wird die obere Lippeniederung stark von Sand- und Kiesabgrabungen beeinflußt. Insbesondere seit Mitte der 60er Jahre wurden hier zahlreiche Naßabgrabungen vorgenommen. Die dabei geschaffenen Baggerseen bilden nicht nur neue Landschaftselemente, von ihnen gehen auch neue Entwicklungsimpulse aus.

In Untereichen zweigen in einer leichten Kurve dicht nacheinander, bei km 3,4, nach rechts und links Seitenwege ab. An dem nach SO gerichteten Weg (= rechts) liegen zwei kleine Naßabgrabungen, die sich durch unterschiedliche Rekultivierungs- und Nutzungsqualität voneinander abheben (Individual-, Vereinsnutzung); an den Baggerseen wenden, die Straße Mantinghausen-Boke queren, um etwa 700 m weiter nordwestlich noch eine Gruppe von Abgrabungen zu besuchen. Auf der Fahrt zur genannten Abgrabungsgruppe kommt man am Campingplatz Boker Heide vorbei. Er ist für die Folgenutzungsplanungen bei den Abgrabungen von Bedeutung.

Am beschriebenen Geländeabschnitt offenbart sich die Problematik des Sand- und Kiesabbaus, der späteren Rekultivierung und Folgenutzung der Abgrabungsstellen sehr deutlich: Verlust an land- und forstwirtschaftlicher Nutzfläche, Schaffung tiefer Hohlräume, Grundwasseroffenlegung, Gefährdung der Wasservorräte; Bauschuttablagerungen an den Uferböschungen, dürftige Gestaltung, Bepflanzung und Unterhaltung der aufgegebenen Abgrabungsflächen; Angeln, Baden, Surfen, Segeln oder sonstige Freizeitaktivitäten als Folgenutzung; Privatnutzung mit Ausschluß der Öffentlichkeit oder Freigabe für die Öffentlichkeit; Umbau, Erweiterung oder Neubau von Siedlungen im Außenbereich; Inwertsetzung eines bisher schlummernden Landschaftspotentials und davon ausgelöst der Beginn eines intensiven Landschaftswandels (Wasserfläche, Freizeitaktivitäten, Campingplatz, Schaffung neuer Infrastruktureinrichtungen etc.).

Zurück nach Mantinghausen. Weiterfahrt nach Verlar.

11. Lippeaue und Niederterrassenplatten in Lippenähe

Unmittelbar am südlichen Ortsrand von Mantinghausen beginnt die Lippeaue. Sie ist infolge Hochwassergefährdung siedlungsfrei und wird hauptsächlich als Grünland genutzt. Bei größeren Hochwasserabflüssen verläßt die Lippe ihr grabenartig ausgebautes Flußbett und überflutet mehr oder weniger große Teile der Aue. Randlich geht die Aue der Lippe in jene der Nebenbäche über, z. B. in die des Geseker Baches und der Heder. Aus dieser gemeinsamen, relativ ausgedehnten Auefläche heben sich mehrfach inselartig höhere Terrassenreste heraus, z. B. die Niederterrassenplatten von Holsen, Verlar, Garfeln oder Hörste-Herlar. Sie werden vorwiegend ackerbaulich genutzt und tragen Siedlungen.

Wir queren die Terrassenplatte von Verlar, fahren zur Kirche im Zentrum des Ortes und wenden uns gegenüber der Kirche nach S, in Richtung Geseke. Die Bauernhöfe rücken in Verlar – verglichen mit Mantinghausen – noch dichter zusammen und noch näher an das Kirchengebäude heran. Am südlichen Ortsrand treten wiederum die Merkmale der Lippeaue hervor: ebenes Gelände, geringer Grundwasserflurabstand, Gleyboden, Grünlandnutzung und Siedlungsfreiheit.

Untere Hellwegbörde

Ca. 1 km südlich der Ortsmitte von Verlar gelangt man an eine deutliche Geländekante. Hier beginnt ein grundlegend andersgeartetes Landschaftsgefüge. Man fährt etwa noch 1 km nach S und halt dann an einer Stelle mit weitem Rundblick; man sollte ein Stück über die Felder laufen, um Bodenmerkmale aufzunehmen und Steine aufzulesen.

12. In der unteren Hellwegbörde

Auf dem schwach nach S ansteigenden Gelände dominiert die Ackernutzung; auf relativ großen, rechtwinklig begrenzten Parzellen werden vorwiegend anspruchsvolle Feldfrüchte angebaut, Zuckerrüben, Weizen, Wintergerste. Der Raum wirkt offen und kahl, da Siedlungselemente – sieht man von einigen jüngeren Aussiedlerhöfen in der Nähe von Geseke ab – fehlen und allenfalls einige Obstbäume an den geradlinigen Straßen sichtbar werden. Der Boden wird aus gelblich-braunem Löß oder Sandlöß aufgebaut, in den vereinzelt Steine eingelagert sind (Kalkschotter, Feuersteine, nordische Geschiebe). Diese Steine beweisen, daß es sich nicht um ein ursprünglich hier abgelagertes äolisches Sediment handeln kann, sondern daß vielmehr Schwemmlöß vorliegt, also ein lößartiges Material, das später umgelagert wurde. Es wurde von den höhergelegenen Geländeabschnitten weiter im Süden abgespült und hier, zusammen mit den mitgerissenen Steinen, erneut abgesetzt. Durch Verlehmung ist zwar bereits ein Teil des ursprünglichen Kalkgehaltes verlorengegangen, dennoch besitzt der Boden günstige Anbaueignung, weil er relativ nährstoffreich ist und zugeführte Nährstoffe wie Niederschläge in hohem Maße adsorbiert und für die Pflanzen verfügbar hält. Unter dem lößartigen Bodenmaterial können Terrassenschotter und Geschiebelehme anstehen. Letztere treten in benachbarten Räumen stellenweise an die Oberfläche, z. B. besonders östlich von Salzkotten. Das Grundwasser liegt mehrere Meter unter der Flur, so daß die Vegetation im allgemeinen nicht darauf zurückgreifen kann. Bodenart, dominierende Ackernutzung mit anspruchsvollen Feldfrüchten, Offenheit des Geländes und verdichtete Gruppensiedlung rechtfertigen die Verwendung des Bördenbegriffes.

Weiterfahrt nach Geseke. Vom Bus aus erkennt man, daß die Lößplatten durch süd-nord-gerichtete Bachläufe und Bachauen zerschnitten werden. Die in den Bachauen vorhandenen Grünlandflächen, Bäume- und Heckenreste bilden daher Fremdelemente zwischen den Lößplatten. Auch an der nördlichen Peripherie von Geseke befindet sich eine schmale Feuchtzone. Sie wird durch Quellaustritte und den hier höherliegenden Grundwasserspiegel bedingt (vgl. Abb. 4).
Um das Nord-Süd-Profil fortzusetzen, durchfahren wir Geseke, ohne zunächst auf stadtgeographische Eigenheiten zu achten. Nach Querung des Eisenbahngeländes kurzes Stück auf westlicher Umgehungsstraße, dann in Richtung Zentrum bzw. Krankenhaus (ausgeschildert); am Krankenhaus liegt an der Westseite der nord-süd-gerichteten Straße, direkt an der Bushaltestelle, eine gefaßte Quelle, die stets schüttet. Etwa an dieser Quelle beginnt das Gelände stärker anzusteigen. Wir folgen dem Geländeanstieg in Richtung Steinhausen (Süden).

Obere Hellwegbörde

In der oberen Hellwegbörde steigt das Gelände steiler an als in der unteren. Kalkgestein tritt dicht unter der Oberfläche auf, und die dünne Bodenkrume ist mit Kalksteinscherben durchsetzt. Im klüftigen Kalkgestein versickert das Wasser der Bäche, so daß besonders die mittleren und unteren Talabschnitte längere Zeit trocken fallen. Die Wasserversorgung kann Schwierigkeiten bereiten. Siedlungsmäßig dominieren Haufendörfer, und die gesamte anthropogene Inwertsetzung zeigt eigenständige Züge.

13. Kalksteinbrüche und Zementindustrie in der oberen Hellwegbörde

Am Südrand von Geseke werden in großem Umfang Kalksteine gebrochen und zu Zement verarbeitet. Einige Zementwerke liegen unmittelbar an der Straße, so daß man bei der Durchfahrt ihre großen Fabrikationshallen, hohen Silos, Drehöfen, Mahl- und Verladeeinrichtungen und zugehörigen Steinbrüche sehen kann. Abseits der Straße befinden sich weitere Werke an großen Steinbrüchen.

Um einen Einblick in die Rohstoffgewinnung und den geologischen Bau des Untergrundes zu erhalten, sollte man eine kleine Schleife fahren: Gegenüber dem letzten Zementwerk verläßt man die Straße Geseke–Steinhausen, biegt nach links (Osten) in den Elsinger Weg ein und wendet sich am ersten Querweg nach Norden. An großen Aufschlüssen vorbei gelangt man zurück nach Geseke. An der Siedlungsperipherie benutzt man den ersten Weg nach links (= Alter Schützenweg). Er führt zurück zur Straße Geseke–Steinhausen.

In den Aufschlüssen steht das Kalkgestein dicht unter der Oberfläche an. Es wird lediglich von einer ganz dünnen Verwitterungskrume abgedeckt, die selbst noch von Kalkscherben durchsetzt ist. Unterschiedlich dicke Kalksteinbänke, durch Schichtfugen voneinander getrennt, lagern im gesamten Aufschlußprofil übereinander, so daß sich eine parallele Schichtstruktur ergibt. In der Vertikalen sind die Schichten vielfach zerbrochen. Daher entsteht beim Abbau ein Haufwerk aus großen und kleinen Quadern. In den Klüften des Gesteins kann eindringendes Wasser leicht absinken. Im allgemeinen steigen die Gesteinsschichten etwas steiler nach Süden hin an als die Geländeoberfläche. Die Gesteinsschichten schneiden daher die Oberfläche in spitzem Winkel und streichen aus. Gelegentlich sind die übereinander lagernden Schichten jedoch auch verbogen, z. B. an der Aufschlußwand rechts des Weges unmittelbar nördlich der Eisenbahn.

Nach Rückkehr zur Hauptstraße wird die Route in Richtung Süden fortgesetzt.

14. Siedlung und Nutzung in der oberen Hellwegbörde

Während der Fahrt nach Steinhausen beobachtet man beiderseits der Straße weite offene Ackerflächen, bedeckt mit Kalkscherben und braunem, tonigem Verwitterungslehm. Große Schläge mit anspruchsvollen Feldfrüchten herrschen vor. Neben den Ackerflächen treten einige größere Laubwaldareale auf. Sie verdanken ihre Existenz der einstigen Zuordnung zu einem Adels-, Kirchen- oder Klosterbesitz. Denn durch diese Zuordnungen wurden entweder die Rodung und landwirtschaftliche Nutzung verhindert oder im Falle ehemaliger Waldbeseitigung frühzeitig Neuaufforstungen gewährleistet, wie z. B. in der Umgebung von Eringerfeld. Streusiedlungen sind hier nicht mehr vorhanden.

Wir queren die Autobahn Dortmund–Kassel, fahren in den älteren Teil von Steinhausen nahe der Kirche, parken unmittelbar an der Kirche, wenige Meter abseits der Hauptstraße, Zufahrt am Kriegerdenkmal.

15. Steinhausen als Beispiel für die Haufendörfer in der oberen Hellwegbörde

Steinhausen dehnt sich im Tal und am Talhang aus. Nur die Neubaubereiche greifen auf die offenen Bördenflächen über. Dicht nebeneinander und unmittelbar an der Kirche liegen die Bauernhöfe. Zwischen den älteren Siedlern haben sich jüngere niedergelassen, so daß ein sehr dichtes und unregelmäßiges Siedlungsgebilde entstanden ist, ein Haufendorf. Infolge der dichten Bebauung fehlen Ausdehnungsmöglichkeiten. Freiräume für den modernen Verkehr oder für die heute üblichen Versorgungseinrichtungen können nur durch Abriß alter Gebäude und durch Aussiedlung einzelner Bauern an den Ortsrand oder in die Flur geschaffen werden. Verursacht durch die räumliche Beengung haben die Landwirte Schwierigkeiten, ihren Betrieb zeitgemäß auszustatten und zu führen.

Von der Kirche in Steinhausen ca. ½ km zurück in Richtung Geseke, dann links nach Eringerfeld, einem ehemaligen Gutshof, der in jüngster Zeit zu einer modernen Internatsschulsiedlung mit zahlreichen Schulgebäuden, Sportstätten, Wohnheimen sowie Wohnhäusern für Lehrer und Bedienstete umgewandelt wurde. Vor Eringerfeld wird die Westernschledde gequert.

16. Zertalung der oberen Hellwegbörde

Die obere Hellwegbörde ist durch tiefe kastenförmige Täler zerschnitten, die hauptsächlich von Süden nach Norden verlaufen. Die meisten dieser Täler führen nur zeitweilig Wasser, nämlich dann, wenn die vorhandenen Sickerstellen die auftretenden Wassermassen nicht mehr fassen können, etwa bei plötzlicher Schneeschmelze oder nach heftigen Gewittergüssen. Diese Talzüge werden „Schledden" genannt. Für den West-Ost-Verkehr stellen diese Schledden große Hindernisse dar, die durch sehr aufwendige Brückenbauten (neue Autobahn Ruhrgebiet – Kassel) oder durch mühevolle Ab- bzw. Aufstiege, meist in großen Schleifen überwunden werden müssen. Die Westernschledde nahe Eringerfeld veranschaulicht die Verkehrsfeindlichkeit dieser Talzüge eindringlich.

Von Eringerfeld knapp 3 km nach N in Richtung Geseke; sobald man auch rechts der Straße waldfreies Gelände erreicht hat, kann man bei guter Sicht den gesamten Raum zwischen Lippe und dem Standort überblicken. Diese Stelle eignet sich für eine Zusammenfassung und Gegenüberstellung der Merkmale der durchquerten Kleinlandschaften (vgl. Profil A–B). Gleichzeitig läßt sich an einem schematischen Querschnitt, den man auf die Straße zeichnet, der Zusammenhang verdeutlichen zwischen der Versickerung des Oberflächenwassers in der oberen Hellwegbörde und den Quellenaustritten am Übergang zur unteren Hellwegbörde (vgl. Abb. 4). Weiterfahrt nach N; zur B 1, dann nach Geseke.

Hellwegstädte

An der heutigen B 1 sind zwischen Duisburg und Paderborn zahlreiche Städte perlschnurartig aufgereiht, Essen, Dortmund, Unna, Soest, Geseke, um nur einige zu nennen. Begründet wird diese Städtereihung u. a. durch den Verlauf eines alten W-O-Fernweges, des Hellweges, der die verkehrstechnisch besonders günstige Situation an der Nahtstelle zwischen unterer und oberer Börde und am

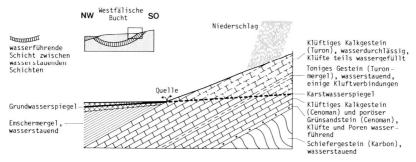

NW Westfälische SO
Bucht

Niederschlag

wasserführende
Schicht zwischen
wasserstauenden
Schichten

Quelle

Grundwasserspiegel

Emschermergel,
wasserstauend

Klüftiges Kalkgestein
(Turon), wasserdurchlässig,
Klüfte teils wassergefüllt
Toniges Gestein (Turon-
mergel), wasserstauend,
einige Kluftverbindungen
Karstwasserspiegel
Klüftiges Kalkgestein
(Cenoman) und poröser
Grünsandstein (Cenoman),
Klüfte und Poren wasser-
führend
Schiefergestein (Karbon),
wasserstauend

Abb. 4: Entstehung der Quellen am Hellweg

Quellhorizont ausnutzte. Hier sind keine Tal- oder Flußquerungen erforderlich, weil die Schledden der oberen Börde auslaufen und die Bäche der unteren Börde erst ihren Anfang nehmen. Gleichzeitig ist hinreichend Wasser vorhanden. Denn hier tritt das Wasser, das weiter südlich im Kalkgestein versinkt, wieder zutage, weil die nach N einfallenden Kalksteinschichten von hier ab durch wasserstauende Mergel abgedeckt werden (s. Profil). Da das Wasser im Kalkgestein bevorzugt in den größeren Klüften zirkuliert, kommt es nur dort zu Quellaustritten, wo die NW–SO streichenden Klüfte den Quellhorizont schneiden. Oft ist dann die Wassermenge so groß, daß Quellteiche angelegt und die abfließenden Bäche schon wenige hundert Meter unterhalb der Quellen zur Wasserkraftgewinnung ausgenutzt werden können. An den Quellaustritten kam es bereits sehr früh zur Anlage von Siedlungen, die durch die genannte W-O-Straße miteinander verbunden wurden. Im frühen Mittelalter wurden einzelne dieser Städte zu Etappenorten ausgebaut und mit Burgen, Königshöfen oder Stiften ausgestattet, in denen der königliche Troß haltmachen konnte. Der Name dieses Weges wurde auf die daran liegenden Städte und auf die benachbarten Landschaften übertragen.

17. Geseke

Von der B 1 zum Parkplatz im Zentrum (Marktplatz an der Stadtkirche, ausgeschildert!). Von hier kurzer Stadtrundgang: Gegenüber der Stadtkirche reich verziertes Fachwerkhaus; durch die Bäckstraße nach S bis zur Lüdischen Straße, über diese nach O, dabei die Bachstraße queren und in Verlängerung der Lüdischen Straße an den Teich (gestautes Quellwasser). Am Teich strömungsaufwärts (S) bis Alter Steinweg, dort nach links über die Brücke, gegenüber der Stadtverwaltung durch kurzen Gewölbegang zwischen Kindergarten und Stiftskirche in den Innenbereich des ehemaligen Damenstiftes; unmittelbar nach dem Gewölbegang Reste eines romanischen Kreuzganges; zwischen Westturm und Teich auf der Nordseite der Kirche zum Fachwerkhaus der Äbtissin. Den Teich über eine schmale Brücke queren und in Verlängerung der Kirchenachse durch eine kurze Passage zur Bachstraße, auf dieser nach N, Richtung Stadtkirche zum Parkplatz.

Zwischen Markt, Lüdische Straße, Bäck- und Bachstraße befindet sich heute das „Geschäftsviertel" von Geseke. Östlich davon liegt, abgetrennt durch den Quellteich und den daraus hervorgehenden Geseker Bach das ehemalige Stift für adlige Damen. Es wurde 953 gegründet und 1823 aufgelöst. Heute konzentrieren sich hier öffentliche Dienstleistungen: Kirche, Schule, Kindergarten, Verwaltung, städtische Erholungseinrichtungen. Nach N wird dieses Viertel durch einen großen Schulkomplex erweitert, nach S schließen sich die Landespflegeanstalt und das Krankenhaus an. Außerhalb der genannten und besuchten Bereiche erweist sich die umwallte Altstadt als Mischgebiet, in dem Handwerksbetriebe, Versorgungseinrichtungen des täglichen Bedarfs und Wohngebäude nebeneinander vorkommen. Der Hellweg, der in anderen Hellwegstädten den Geschäftsbereich an sich gezogen hat, erlangt in Geseke nur untergeordnete Bedeutung. Rings um die umwallte Altstadt liegen Wohn- und Gewerbeviertel. Dabei zeigt sich hinsichtlich der Gewerbezweige folgende Differenzierung: Im Norden Eisengießerei und Metallverarbeitung, im Westen Bekleidungs-, im Süden Zement- und im Osten Möbel-, Kunststoff- und Spannbetonfertigung.

Geseke eignet sich für eine Mittagspause. In der Nähe des Marktplatzes befinden sich mehrere Gaststätten, Imbißstuben, Cafés.
Von Geseke über die B 1 nach Erwitte, vorbei an Störmede und Eikeloh, den Quellen des Gieseler Baches (unmittelbar nach der Ampel in Eikeloh, rechts der B 1, umgeben von einer Gehölzgruppe), vorbei auch am Schleddental der Pöppelsche südlich von Eikeloh (mit jungen Erosions- und Sedimentationserscheinungen, Terrassenbildungen) und an dem aufstrebenden Kurort Bad Westernkotten (mit Thermalsolebad, Gradierwerk im Kurpark), die aus Zeitgründen nicht besucht werden können.

18. Erwitte

In Erwitte unmittelbar nach Postamt und Tankstelle vom Hellweg rechts ab, zum Markt an der Kirche (Parkmöglichkeit), zu Fuß links, dicht an der Kirche vorbei, über mehrere Quellbacharme zum aufgestauten Quellteich (bachabwärts ein wasserschloßartiges Gebäude, die „Burg", Mühlen und Parkanlagen), durch den Kirchgraben zurück zur Dietrich-Ottmar-Straße, links oberhalb des rückwärtigen Parkplatzes der Stadtverwaltung restaurierter ehemaliger Königshof, an Stadtverwaltung vorbei zum Bus.

Typische kleine Hellwegstadt, am Übergang von Unter- zur Oberbörde, Quellen und Quellteich, Mühlen, ehemaliger Königshof, Zementindustrie; für die Versorgung des ländlichen Umlandes hat Erwitte jedoch nur untergeordnete Bedeutung, da es stark im Schatten Lippstadts liegt.

Von Erwitte auf der B 55 nach S, an den Zementwerken vorbei bis Anröchte. Am Ortseingang von Anröchte beiderseits der Straße mehrere Naturstein bearbeitende Betriebe. Die ursprünglich hier vorhandenen Steinbrüche wurden inzwischen z. T. verfüllt und rekultiviert. Neuangelegte Steinbrüche sind in Anröchte mit dem Bus nur umständlich zu erreichen. Leicht erreichbar und relativ gut einsehbar ist ein Steinbruch am Ortsrand von Klieve, ca. 2 km nordwestlich von Anröchte.

19. Anröchter Grünkalkstein

Zwischen den Orten Klieve, Anröchte und Berge wird in zahlreichen Steinbrüchen Grünkalkstein abgebaut, der hier innerhalb der Turonschichten als Fazies auftritt. Das Grünkalksteinmaterial findet örtlich als Baustein für Gartenmauern und Gebäudesockel Verwendung. Für einen ferneren Abnehmerkreis wird es als Werkstein (Fensterbänke, Abdeckplatten, Bildhauerarbeiten) zur Verfügung gestellt. Die grünliche Farbe dieses Gesteins rührt von dem Mineral Glaukonit her. Durch Oxydation des zweiwertigen Eisens in diesem Mineral „rostet" der Stein, d. h. er zeigt rötlich-braune Anlauffarben. Diese Farbwandlungen sind allenthalben an älteren Gebäuden und Mauern zu sehen, die aus Grünkalkstein errichtet wurden. Neben dem heimischen Glaukonitgestein bearbeiten die 13 in Anröchte und den benachbarten Gemeinden heute noch aktiven Steinsägereien und -hauereien auch allochtones Material.

Zurück nach Anröchte, von dort über Berge und Weickede nach Menzel. Etwa bis Menzel herrscht das die obere Hellwegbörde kennzeichnende Merkmalsgefüge: Eng gebaute Haufendörfer in Tal bzw. Dellenlage, weite offene, groß parzellierte Ackerflächen neben größeren Laubwaldarealen, klüftiger Kalksteinuntergrund, der die Oberflächenwässer versickern läßt, mit Kalkscherben durchsetzte, dünne Bodenkrume aus Verwitterungsprodukten, tief eingeschnittene Trockentäler, die den West-Ost-Verkehr behindern. – Weiterfahrt bis zum Wasserbehälter ca 1 km südlich Menzel.

Haarhöhe

Bei der Ortschaft Menzel wird die 300 m Höhenlinie überschritten, und nach Süden hin steigt das Gelände weiter an. Mit zunehmender Höhe stellen sich klimatische Veränderungen ein. Die mittleren Temperaturen sinken, während die Niederschlagsmengen und die Windhäufigkeiten und -stärken anwachsen, die Frostgefährdung steigt, und die mittlere Vegetationsperiode verkürzt sich. Der Sommergetreideanbau nimmt zu, da das Wintergetreide infolge unzureichender Schneebedeckung häufig Frostschädigungen erfährt. Die für die obere Hellwegbörde kennzeichnenden tiefen Talzüge werden nun flacher, da die Täler allmählich auslaufen und in weiten flachen Dellen enden. Die sich sammelnde Feuchtigkeit führt im Zentrum und im unteren Abschnitt der Dellen zu Quellaustritten und zu wasserführenden Rinnsalen, die sich weiter unterhalb zu kleinen Bächen vereinigen. Im Gegensatz zur oberen Hellwegbörde führen diese Rinnsale und Bäche den größten Teil des Jahres über Wasser. Da die Dellen für die Wasserversorgung günstige Voraussetzungen bieten und in der weithin offenen Ackerflur willkommenen Schutz vor den rauhen Winden gewähren, wurden sie oft als Siedlungsstandorte gewählt. Aufgrund der geringen Zertalung ist auf der Haarhöhe die Anlage eines west-ost-gerichteten Verkehrsweges leicht möglich. Tatsächlich wurde der in den topographischen Karten verzeichnete Haarweg, den wir zwischen Menzel und Rüthen queren, bereits in frühgeschichtlicher Zeit begangen. Er ist wahrscheinlich älter als der am Quellhorizont gelegene Hellweg. Infolge seiner heute geringeren Bedeutung spricht man z. T. auch vom Kleinen Hellweg.

20. Wasserbehälter auf der Haarhöhe

Von Menzel in Richtung Rüthen, bevor das Gelände wieder abfällt, bietet sich am oder auf dem Wasserbehälter ein weiter Rundblick.

Nach N fällt das Gelände relativ flach, nach S dagegen zunächst relativ steil ab, um dann erneut schwach anzusteigen. Es ist hier eine Schichtstufe ausgebildet, die durch Wechsellagerung von harten, klüftigen und damit wasserdurchlässigen, und weichen, wenig wasserdurchlässigen Gesteinsschichten zustande kommt. Nach Osten hin, zur Spitzen Warte, läßt sich die Stufenstirn sehr deutlich verfolgen. Es handelt sich um die Turonschichtstufe. Ihr folgt nur wenige Kilometer weiter im Süden eine zweite, die Cenomanschichtstufe. Da beide Schichtstufen die Münstersche Kreidebucht begrenzen, spricht man auch von der inneren (= nördlichen) und äußeren (= mehr südlichen) Schichtstufe. Unterhalb der Turonstufe dehnt sich eine waldfreie, hauptsächlich ackerbaulich genutzte Flur aus. Ihr folgt in der Ferne ein zusammenhängendes Waldland.

Über die Stirn der Turonstufe und die schwach nach S ansteigende landwirtschaftlich genutzte Cenomanfläche nach Rüthen, durch das Stadtzentrum zum Krankenhaus an der südwestlichen Peripherie der Altstadt.

21. Rüthen

Die Stadt liegt am Südrand der Cenomanfläche auf einem durch mehrere Täler herauspräparierten Sporn. Sie wurde um 1200 in dieser Schutzlage gegründet, um das damals kurkölnische Territorium zu sichern. Starke Befestigungsmauern ringsum und ein breiter Graben auf der Nordseite gewährten zusätzliche Sicherheit. Als Baumaterial verwandte man vorwiegend den hier anstehenden, zum oberen Alb und unteren Cenoman gehördenden Grünsandstein. Heute ist Rüthen vor allem Wohn- und Versorgungsort (Schulen, Verwaltungseinrichtungen, private Dienstleistungen, Geschäfte). Die landwirtschaftlichen Betriebe liegen heute weitgehend außerhalb der Stadt, die Industriebetriebe im verkehrsgünstigeren Möhnetal.

Vom Parkplatz am Krankenhaus zu Fuß über die südliche Stadtmauer bis zum Wasserturm.

22. Ausblick vom Wasserturm in Rüthen

Unterhalb des Grünsandsteins treten Schiefergesteine des Karbon zutage. Sie bilden die weiche, wasserstauende Unterlage der Schichtstufe. In diese Schiefergesteine hat sich die Möhne eingeschnitten, so daß der nach Süden gerichtete Abfall der Schichtstufenstirn zusätzlich durch die steile Talflanke vergrößert wird.

Mit dem Schiefermaterial beginnt ein völlig neues Landschaftsgefüge. Denn dieses Material ist nährstoffarm und läßt den auftreffenden Niederschlag nur schwer einsickern. Stetig fließende Gewässer sind hier häufig, und es gibt eine Unzahl von Talkerben. Weithin wird dieses Gebiet von Wald, insbesondere von Nadelwald bedeckt. Die veränderten Bodenbedingungen, die größere Feuchtigkeit und der andersartige Bodenbewuchs bilden neben den veränderten Reliefformen die hautsächlichsten Gegensätze zu den offenen, vorwiegend ackerbaulich genutzten Flächen der Haarhöhe und der Hellwegbörden.

Literatur:

Bertelsmeier, E. (1982): Bäuerliche Siedlung und Wirtschaft im Delbrücker Land. In: Landeskundliche Karten und Hefte der Geographischen Kommission für Westfalen. Reihe: Siedlung und Landschaft in Westfalen. H. 14, 151 S. u. 7 Abb. im Anhang, Münster/Westf. (Nachdruck der 1942 erschienenen Originalarbeit).

Feige, W. (1983): Haarstrang – Nordsauerland – Paderborner Hochfläche. Karst, Wasserversorgung, Hochwasserschutz, Steinindustrie. In: Exkursionen in Westfalen und angrenzenden Regionen. Festschrift zum 44. Dt. Geographentag in Münster 1983, Teil II, S. 235–248 (Münstersche Geographische Arbeiten, H. 16), Paderborn.

Koch, M. (1979): Erläuterungen zu Blatt C 4314 Gütersloh. Hydrogeologische Karte von Nordrhein-Westfalen 1:100 000; 190 S. u. 2 Taf. im Anhang, Krefeld.

Linden, H. (1958): Naturräumliche Kleingliederung und Agrarstruktur an der Grenze des westfälischen Hellweges gegen das Sandmünsterland. In: Forschungen zur deutschen Landeskunde. Bd. 106, 123 S. u. 17 Karten im Anhang, Remagen.

Klohn, H. (1961): Die Schledden auf der Haarfläche zwischen Geseke und Soest. Ein Beitrag zur Hydrographie und Morphologie temporärer Trockentäler. In: Spieker. Landeskundliche Beiträge und Berichte. H. 11: Beiträge zur Physiogeographie II., S. 67–112, 12 Abb., Münster/Westf.

Lotze, F. (1964): Zur Geologie des Raumes Lippstadt. In: Stadt Lippe – Lippstadt. Aus der Geschichte einer Bürgerschaft. Festschrift zum 50jährigen Bestehen der Volksbank Lippstadt; bearb. v. Klockow, H., S. 15–38, Lippstadt.

Maasjost, L. (1973): Südöstliches Westfalen. In: Sammlung Geographischer Führer. Bd. 9, 173 S., Berlin, Stuttgart.

Müller-Wille, H. (1966): Bodenplastik und Naturräume Westfalens. In: Spieker. Landeskundliche Beiträge und Berichte. H. 14, Textband 302 S., Kartenband 32 Tafeln, Münster/Westf.

Ritzel, A. (1972): Der geologische Aufbau und die Oberflächengestaltung des Kreises Lippstadt. In: Beiträge zur Heimatkunde des Kreises Lippstadt. H. 4, Lippstadt.

Sauerland, H. J. (1969): Quellen am Hellweg. Geologisch-hydrologische Überlegungen zum Quellhorizont am Hellweg im Kreise Lippstadt. Auswirkungen auf die Besiedlung dieses Raumes. In: Beiträge zur Heimatkunde des Landkreises Lippstadt. H. 3, 124 S., 5 Karten im Anhang, Lippstadt.

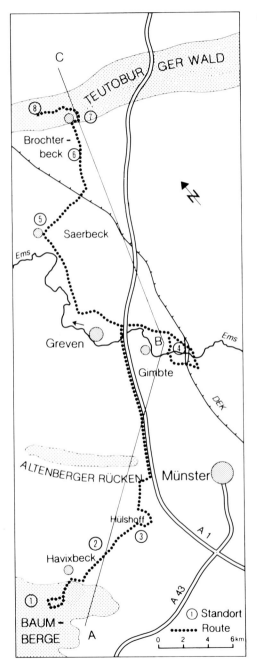

Abb. 1: Routenskizze

Abb. 2: Profil

Kernmünsterland

kca = Campan ksa = S

Nördliche Westfälische Bucht:

VON DEN BAUMBERGEN ZUM TEUTOBURGER WALD

Lioba Beyer / Wolfgang Feige

Exkursionsverlauf:

Eintägige Busexkursion, ca. 100 km, mit mehreren Wanderungen, ca. 6 km.

Karten:

TK 1:100 000 (Hrsg.: LVA NW) Blätter C 3910 Rheine und C 3410 Münster; Geologische Karte 1:25 000 (Hrsg. Geologisches Landesamt NW) Blatt 3712 Tecklenburg.

Einführung

Die Westfälische Bucht, die sich vom Niederrhein und den Niederlanden ostwärts in die Deutsche Mittelgebirgsschwelle vorschiebt, wird im Norden und Nordosten vom Osning (Teutoburger Wald), im Südosten von der Egge und der Paderborner Hochfläche, im Süden von Haarstrang und Ardey umrahmt. Im Inneren erheben sich die Hügellandschaften der Baumberge, der Beckumer Berge und der Haltener Höhen, die im Norden und Nordosten der Westfälischen Bucht von der Ems, im Süden von der Lippe flankiert werden.

Auf der Exkursion sollen in einem repräsentativen Querschnitt die Baumberge als ein zentrales Hügelland, die Emssandebene als eine flußgeprägte Landschaft und der Tecklenburger Osning als ein Stück des Gebirgsrahmens vorgestellt werden.

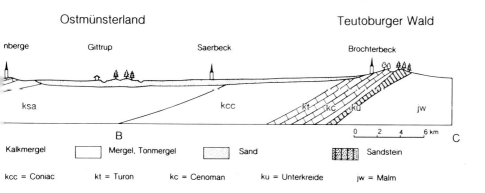

Geologisch gesehen führt die Exkursion vom zentralen Bereich des Münsterschen Kreidebeckens mit relativ flach lagernden Campansedimenten zu seinem
Nordostrand, wo steil aufgerichtete Schichten des Turon, des Cenoman und der
Unterkreide ausstreichen. Eine Wechsellage von morphologisch härteren und
weicheren Gesteinen hat zur Herausbildung von Stufen im Innern des Beckens
(Baumberge, Altenberger Rücken) und Eggen am aufgebogenen Beckenrand
geführt. Im Quartär haben glazigene, fluviatile und äolische Kräfte das Becken
überformt und in der Hohenholter Senke einen Grundmoränenschleier, beidseits
der Ems ausgedehnte Niederterrassensande hinterlassen, die hier Mergel des
Santon und Coniac überlagern. Während den Terrassensanden verbreitet Dünen
aufgesetzt sind, wurden im Bereich der Baumberge und des Teutoburger Waldes
stellenweise Löß und Lößsand abgelagert.

Im südlichen Teil des Exkursionsgebietes bis hin zum Altenberger Rücken
haben sich auf der Grundlage von überwiegend mergeligen Kreideablagerungen
und Grundmoränenresten sogenannte Kleiböden entwickelt, die tonhaltig und
wasserstauend sind. Man spricht daher vom Kleimünsterland, das wegen seiner
zentralen Lage in der Bucht auch als Kernmünsterland bezeichnet wird. Weiter
nördlich führt die Exkursionsroute durch das Ostmünsterland, in dem auf den
Niederterrassen der Ems ausschließlich sandige Böden entwickelt sind (Sandmünsterland).

Kulturgeographische Strukturen der Westfälischen Bucht können auf der
Exkursion nur in Auswahl und zwar für den weithin dominierenden ländlichen
Raum erfaßt werden. So kommen traditionelle Züge der Siedlung und Nutzung
in Anlehnung an die naturräumliche Ausstattung sowohl in den Baumbergen
(Sandsteinabbau, Wassermangel), im Kleimünsterland (Gräftenhof) als auch im
Sandmünsterland zur Sprache (Esch und Drubbel). Darüber hinaus werden
jüngere Veränderungen im ländlichen Raum erfaßt, die sich unter den wirksa-
men gesellschaftlichen und wirtschaftlichen Einflüssen der Gegenwart in weiten
Teilen der Westfälischen Bucht vollziehen (Spezialisierung: Ponyhof Schleithoff,
Nutzung historischer Bauwerke: Wasserburg Hülshoff, dörflicher Strukturwandel: Saerbeck). Die bedeutende Stellung des Oberzentrums Münster wirkt weit in
den ländlichen Raum hinein (Naherholungsräume, Pendlereinzugsbereich) und
wird auf der Exkursion wiederholt angesprochen. Dagegen können wichtige
industrielle Strukturen und Probleme und die großen Verkehrslinien in der
Westfälischen Bucht nicht berücksichtigt werden.

Baumberge

1a. Rundblick vom Longinusturm/Baumberge

Von der Autobahn A43 Münster–Recklinghausen über die B67 nach Nottuln
und weiter Richtung Havixbeck. Wo auf der Höhe der Baumberge rechts die
Straße nach Havixbeck hinunterführt, weiter geradeaus. Nach ca. 250 m links
Gaststätte, hier Schlüssel für den Longinusturm erhältlich.

Die Baumberge sind mit 186 m über NN (Westerberg) die höchste Erhebung
im Inneren der Westfälischen Bucht. Daher kann der Longinusturm bei klarer
Sicht einen Fernblick vom Südrand des Münsterlandes (Kraftwerke an der

Lippe) bis zum Nordrand der Westfälischen Bucht bieten (Teutoburger Wald). Gut überschaubar ist zumeist der erste Teil der Exkursionsroute: Ackerbauliche Nutzung und nur wenige Siedlungen auf der Baumbergehochfläche, waldbedeckte Steilhänge, sodann die Parklandschaft der Hohenholter Senke (Standorte Hof Schleithoff, Burg Hülshoff), anschließend mit dem Kirchturm von Altenberge der Altenberger Höhenrücken, der die dahinterliegende Emssandebene des Ostmünsterlandes verdeckt (Standorte Emsterrassen, Saerbeck); gelegentlich werden am Horizont auch Schornstein und Kühlturm des Kohlekraftwerkes auf dem Schafberg sichtbar (Standort Bocketaldurchbruch). Im Osten sind die Türme der Solitärstadt Münster erkennbar, durch deren Naherholungsraum die Exkursion führt (Baumberge, Burg Hülshoff). Zu weiteren Einzelheiten des Rundblicks vgl. MAASJOST 1985, S. 29ff., BEYER 1975, S. 74 und 81.

1b. Siedlung und Wasserversorgung auf der Baumbergehochfläche

Vom Longinusturm zu Fuß zur Straße Billerbeck–Havixbeck, dort rechts bis zum Kotten Hausnr. 40.

Eine quer über die rückwärtige Hauswand führende Regenrinne weist auf die ungünstigen Wasserverhältnisse der Baumbergehochfläche hin, die wiederum Grund für eine späte und relativ geringe Besiedlung der Hochfläche waren. Bis 1972, als der Anschluß der meisten Gebäude an eine zentrale Wasserversorgung erfolgte, mußte das Regenwasser in Zisternen geleitet und dort als einziger Brauch- und Trinkwasservorrat gesammelt werden. Das Niederschlagswasser versickert rasch in den durchlässigen obercampanen Kalkschichten (s. Profil S. 132). Diese ruhen in 80–100 m Tiefe auf mergeligen Schichten des Untercampans. Auf dieser wasserstauenden Unterlage sammelt sich das Kluftwasser und bildet einen Grundwasserhorizont, der z. T. ergiebige Quellen am Fuß der Baumberge speist. Ein noch tiefer gelegenes Grundwasserstockwerk dient heute der zentralen Wasserversorgung der Orte im Vorland der Baumberge (vgl. auch BEYER 1975, S. 15 und 79).

1c. Steinbruch im Baumberger Sandstein

Der Straße nach Havixbeck weiter abwärts folgend, biegen wir links in den nächsten geteerten Feldweg ein, an dem links zwei noch im Abbau befindliche Steinbrüche liegen.

In den Steinbrüchen sind die oberen Baumberger Schichten des Obercampans aufgeschlossen. In den hangenden Mergelkalken ist deutlich die Klüftung zu erkennen, die eine der Ursachen der Wasserarmut der Hochfläche ist. Eine ca. 1 m mächtige Tonmergelschicht trennt die Mergelkalke von der sogenannten Werksteinbank, die aus Kalksandstein besteht (Profil in BEYER 1975, S. 59). Aus diesem Gestein – allgemein als Baumberger Sandstein bezeichnet – sind zahlreiche Bauten in den Orten am Fuß der Baumberge, aber auch in Münster und dem weiteren Bereich des Kernmünsterlandes, am Niederrhein und in den Niederlanden errichtet worden. Für den Wiederaufbau zerstörter Gebäude in Münster benutzte man nach dem 2. Weltkrieg ebenfalls dieses Material. So bestimmt der gelbe Baumberger Sandstein auch heute noch das Bild der Stadt am Dom und am Prinzipalmarkt. Allerdings verwittert der Baumberger Sandstein bei zunehmender Luftverschmutzung schneller. Daher wird er heute vornehmlich nur für Innenarbeiten verwendet: Treppen, Kaminaufbauten, Fenstereinfassungen.

Man folgt dem Feldweg bis zum Waldrand (Buchen auf Kalkgestein), wendet sich nach rechts und geht am Hof Meyer vorbei bis zum Forsthaus. Ein verwirrendes Kleinrelief links unter den Büschen und Bäumen deutet ein großes, verfallenes Steinbruchgelände an, die sogenannten Dom- und Lambertikuhlen. Hier sollen im 13. Jahrhundert die Steine für die beiden Münsteraner Kirchen gebrochen worden sein. Sich rechts haltend am Forsthaus vorbei (dahinter Durchblick auf das Vorland der Baumberge und die münsterländische Parklandschaft) und immer geradeaus (nicht links) einen Weg durch den Wald abwärts. Rechts des Weges Wälle und Gräben der mittelalterlichen Landwehr zwischen den Gemarkungen Havixbeck und Stevern. Gasthof Waldfrieden mit Parkplatz, Wildgehege und Wegmarkierungen wie auch der Parkplatz am Longinusturm weisen auf die Erholungsfunktionen der Baumberge hin, deren Einzugsgebiet von Münster bis ins Ruhrgebiet reicht.

Hohenholter Senke

2. Ponyhof Schleithoff

Auf der Weiterfahrt folge man den Straßenschildern in Richtung Münster. Südwestlich von Havixbeck, 1 km hinter der Gaststätte Füsting (rechts), biege man links in die Zufahrt zum Ponyhof Schleithoff ein (Schild hinter einer Hecke in Gegenfahrtrichtung).

Der Wechsel von Ackerflächen, Grünland, Wallhecken, kleinen Wäldchen und Buschreihen an Gräben verleiht dem Kernmünsterland den Charakter einer Parklandschaft. Die stattlichen Einzelhöfe des Kernmünsterlandes wirtschaften auf mineralreichem Kleiboden und zumeist arrondierten Flächen vorwiegend als Vollerwerbsbetriebe mit oft mehr als 30 ha Betriebsfläche (BECKS 1983, S. 33). Neben der Rindviehhaltung (Milchkühe) und der arbeitsextensiven Schweinemast ist hier eine weitere Art der Spezialisierung anzutreffen: eine auf den Reitsport orientierte Pferdehaltung und Pferdezucht. Der Zuchtverband „Westfälisches Pferdestammbuch", zuständig für den Bereich Westfalen-Lippe, ist mit rund 15 000 Zuchtstuten (davon über 3000 Stuten der Reit- und der Shetlandponys) nach dem Zuchtverband Hannover der zweitgrößte in der Bundesrepublik Deutschland. Seit 20 Jahren hat sich der Hof Schulze-Schleithoff auf Pferde- und Ponyhaltung und -zucht spezialisiert. Heute stehen 60–70 Ponys und Pferde zur Verfügung. Im Sommer nimmt der Hof 50–60 Kinder zwischen 7 und 14 Jahren auf; sie kommen aus der gesamten Bundesrepublik Deutschland und auch aus dem Ausland zum „Urlaub auf dem Bauernhof". Das herrschaftlich ausgebaute Haupthaus des Schulzenhofes (Wohnteil von 1843 und 1913) liegt am Schlautbach, der Wasser aus den Baumbergen der münsterschen Aa zuführt. Schulzenhöfe hatten im Mittelalter die zugehörigen Zinshöfe einer Grundherrschaft zu verwalten und zu überwachen. Ihre Hofanlage zeichnete sich darum seit jeher durch Größe, Stattlichkeit, im Kernmünsterland oft auch durch einen Gräftenring aus, der dem Schutzbedürfnis, aber auch dem sozialen Prestige nach dem Vorbild der Wasserburgen diente. Am Hof Schulze-Schleithoff ist der Bach allerdings nur zu einem Mühlenteich erweitert. Zum Landschaftsbild des Kern-

und Ostmünsterlandes gehören auch die religiösen Kleindenkmäler wie hier der Bildstock am rückwärtigen Eingang zum Wohnhaus. Diese Kleindenkmäler sind Ausdruck der Volksfrömmigkeit einer über Jahrhunderte hinweg überwiegend katholischen Bevölkerung im ehemaligen Fürstbistum Münster.

3. Wasserburg Hülshoff

Weiterfahrt auf der Straße Havixbeck – Roxel – Münster. Nach ca. 4 km links Einfahrt zum Parkplatz (Wegweiser, Eintrittsgeld).

Die Wasserburg Hülshoff ist einer der Herrensitze des niederen Lehnsadels, die in der Westfälischen Bucht noch in beachtlicher Zahl erhalten sind. Die große Zeit der Wasserburgen begann hier im 12. und 13. Jahrhundert, als man gelernt hatte, Stauwehre anzulegen (MUMMENHOFF 1977, S. 8). Es war zugleich jene Zeit, in der der Dienstadel erstarkte. Die Adligen gestalteten ihre zu Lehen erhaltenen Höfe – oft waren es Gräftenhöfe – ihren Ansprüchen entsprechend um. Zunächst entstanden Schutzburgen. Vom 15. Jahrhundert an wurden die Burggebäude zunehmend nach Repräsentationsbedürfnissen um- oder neugestaltet. Burg Hülshoff, 1349 erstmals erwähnt, läßt beide Elemente erkennen. An eine Wehranlage erinnern die Gräften mit den zwei Inseln der Vor- und der Hauptburg, eine ehemalige Zugbrücke und auf der Vorburg die nach außen geschlossenen Wände der Gebäude mit zwei Wehrtürmen. Der Repräsentation diente das zweistöckige Herrenhaus im typischen Zweiflügelbau aus der Mitte des 16. Jahrhunderts. Schmückende Elemente sind eine kleine Freitreppe, der typisch münsterländische Dreistaffelgiebel, Natursteinbänder aus Baumberger Sandstein an den Fenstern und Wänden der Ziegelsteinfassaden, die westliche Front des Herrenhauses aus Baumberger Sandsteinquadern, eine barocke Dachglockenhaube sowie klassizistische Pfeiler der Zugbrücke. Die neugotische Kapelle wurde 1870 angebaut. Nach aufwendigen Renovierungsarbeiten in den Gebäuden, Garten- und Parkanlagen wird die Burg heute in mehrfacher Weise genutzt, um die Kosten der Erhaltung eines solchen Kulturdenkmales tragen zu können: Ein Museum der 1797 hier geborenen Dichterin Annette von Droste zu Hülshoff im Herrenhaus, ein Restaurant für gehobene Ansprüche im Keller, Freizeitanlagen wie Wildgehege, Kinderspielplatz und Liegewiese im Park. Vor der Wasserburg liegen neben dem Parkplatz landwirtschaftliche Gebäude des zugehörigen Gutsbetriebes.

Von der Burg Hülshoff folge man den Hinweisschildern zur Autobahnauffahrt Münster-Nord bei Nienberge und fahre in Richtung Osnabrück bis zur Autobahnabfahrt Greven. Von dort Richtung Münster bis zur Abzweigung Gelmer (rechts). Durch Gelmer geradeaus über den Dortmund-Ems-Kanal bis Gittrup, Möglichkeit zum Mittagessen in mehreren Gaststätten in Gimbte (Ausflugsort von Münster).

Emssandebene

4a. Emsterrassen bei Gittrup

Auf dem Wege von Gittrup zum Standort im Emstal gehen wir zunächst über eine ca. 4 m über der Talaue gelegene, teils ackerbaulich genutzte, teils der

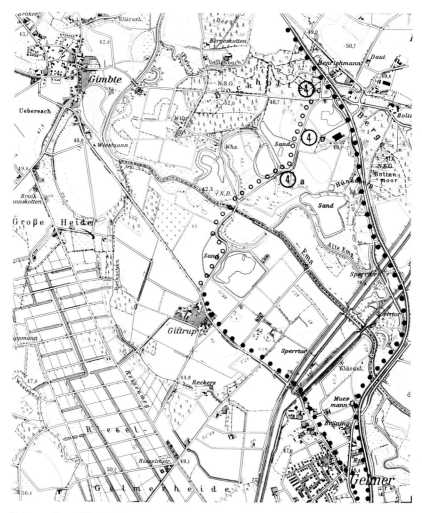

Kartengrundlage: TK 25, Blätter 3911 Greven und Westbevern. Vervielfältigt mit Genehmigung des Landesvermessungsamtes Nordrhein-Westfalen vom 13. 2. 1985 Nr. 103/85.

⑨ Standort ● ● ● ● Fahrtroute ○ ○ ○ ○ Fußweg

Abb. 3: Exkursionsroute im Raum Gittrup/Bockholter Berge

138

Entsandung dienende Fläche. Rechts des Weges ein rekonstruiertes schilfgedecktes Wohnstallhaus aus einer hier ausgegrabenen, frühmittelalterlichen sächsischen Siedlung (FINKE 1984, S. 168f.). Weiter über die Ems, die in der Mitte der sechziger Jahr begradigt wurde.

Am Standort ist auf der linken Wegseite die Sicht durch eine junge Heckenanpflanzung behindert, hinter der sich eine Sandgrube verbirgt. Rechts des Weges lassen sich mit Blick nach Südosten folgende Talniveaus beobachten:

- die von zahlreichen Altwasserarmen zerschnittene Talaue,
- einzelne, ca. 2 m höher gelegene flache Erhebungen, die auch bei extremem Hochwasser nicht überflutet werden (Inselterrasse),
- im Rückblick die untere Niederterrasse, auf der Gittrup liegt,
- auf der gegenüberliegenden Talseite der steile, ca. 7 m hohe Anstieg zur oberen Niederterrasse.

Obere und untere Niederterrasse wurden in der Weichseleiszeit, Inselterrasse und Talaue im Holozän angelegt. Der Untergrund der Talaue und der Terrassenflächen besteht aus umgelagerten saaleeiszeitlichen Moränen- und Schmelzwasserablagerungen. Die tieferen Lagen dieser Sedimentationsfolge füllen eine ca. 2 km breite Talwanne aus, die bis auf 20 m über NN in die kalkig-mergeligen Schichten der Oberkreide eingesenkt sind (SPEETZEN 1980, S. 167).

4b. Sandgrube und Kalksandsteinwerk

Der Weg führt in einer Biegung nach Nordosten auf die Fläche der oberen Niederterrasse hinauf und zu einer weiteren Sandgrube.

In der Grube stehen bis zu einer Tiefe von 4–5 m Fein- und Mittelsande, darunter ca. 7 m mächtige Schluffe an – im wesentlichen verschwemmter Löß – von denen nur 2 m in der Grube aufgeschlossen sind. Es folgen nach unten Mittelsande mit Einlagerungen von Grobsanden und Feinkiesen, die in der Grube auf der Talaue im Naßverfahren abgebaut werden. Die obere, teilweise schon wieder verfüllte Grube dient als Zwischenlager für das Rohmaterial, das hier gesiebt und mit Hilfe eines Förderbandes in ein Kalksandsteinwerk geschafft wird. Hier wird der Sand im Gewichtsverhältnis 12:1 mit gebranntem Kalk vermischt, der in einem Kalkwerk in Lienen im Teutoburger Wald gewonnen wird, und zu Kalksandstein verarbeitet. Pro Jahr werden für die Herstellung von ca. 50–60 Mio. Steinen 60 000–80 000 m³ Sand abgebaut.

Die in den Sandgruben der Firma Schenking aufgeschlossene dreiteilige Sedimentationsfolge der Niederterrasse – untere fluviatile Sande, verschwemmter Löß, obere fluviatile Sande – ist typisch für das obere Emsgebiet und findet sich auch noch an der oberen Lippe. Die unteren Sande lassen sich dem älteren *Frühglazial*, die verschwemmten Lösse dem jüngeren *Frühglazial* und dem *Hochglazial* und die oberen Sande dem *Spätglazial* der Weichseleiszeit zuordnen (SPEETZEN 1980, S. 171). Auch die Kalksandsteingewinnung und die mit ihr verbundenen Entsandungen sind eine typische Erscheinung des Emssandgebietes. Weitere Werke finden sich in Warendorf und zwischen Sassenberg und Füchtorf.

4c. Dünen in den Bockholter Bergen

Der Weg zum Standort führt an einer Abraumhalde vorbei zu einem großen Parkplatz; an dessen Ostseite ein Aufschluß in einer Düne.

Es lassen sich im Aufschluß außer einem rezenten, podsoligen Boden 2 von links nach rechts ansteigende, offensichtlich überwehte Bodenhorizonte erkennen.

Binnendünen sind in der Emssandebene eine weitverbreitete Erscheinung. Sie befinden sich bevorzugt auf der östlichen Seite der Ems auf der Niederterrasse, was für eine Auswehung aus dem ehemals verwilderten, sandreichen und pflanzenarmen Flußbett spricht (MÜLLER-WILLE 1960). Dieser Auffassung steht allerdings entgegen, daß die Schüttungsrichtung in den älteren Kerndünen nach Westen gerichtet ist (HESEMANN 1975). Müller-Wille unterscheidet drei Hauptüberwehungsphasen, unterbrochen von zwei Zeiten der Bodenbildung. Die „Urdüne" entstand in einem vegetationsfreien bzw. -armen Milieu an der Wende von der Weichseleiszeit zum Holozän (Dryas bis Boreal), die erste Bodenschicht im warmen Atlantikum (6000–2500 a. C.). In ihr haben sich örtlich Spuren bronzezeitlicher und neolithischer Besiedlung gefunden. Die zweite Überwehung begann nach MÜLLER-WILLE schon in der Bronzezeit und deckt sich mit dem kühleren Subboreal (2500–500 a. C.). Sand lieferten jetzt nicht nur mehr die vegetationsfreien Flußbetten, sondern auch die Felder der Ackerbauern. Die zweite Überwehungsphase ist also schon anthropogen mitbedingt. Die zweite Verwitterungsschicht dürfte nach Müller-Wille im wieder wärmeren Subatlantikum entstanden sein (ab 500 a. C.). Auch in ihr finden sich Siedlungsspuren, so z. B. bei Warendorf, wo eine Siedlung des 8. Jahrhunderts ausgegraben wurde. Die jüngsten Überwehungen begannen im Frühmittelalter, begünstigt durch vermehrte Rodung und Plaggendüngung, und setzen sich bis in die Gegenwart fort.

5. Saerbeck. Strukturwandel einer ländlichen Siedlung

Auf dem Parkplatz in den Bockholter Bergen besteigen wir wieder den Bus und fahren über die B 481 an Greven vorbei bis zur Abzweigung rechts nach Saerbeck. Der B 219 folge man durch den engen Ortskern von Saerbeck und biege im Ort in die B 475 nach Emsdetten ein (vgl. Abb. 4). An der nächsten Seitenstraße rechts (Bevergerner Damm) liegt die Einfahrt zum Bürgerhausgelände mit Parkplatz (Hinweisschild).

Seit 1983 dient der umgebaute, in seinem äußeren Erscheinungsbild aber völlig erhaltene Hof Jochmaring in Saerbeck als Bürgerhaus. Der Zweiständer-Fachwerkbau zeigt die typische Gliederung des niederdeutschen Hallenhauses in einen Wirtschaftsteil vorn und den Wohnteil hinten, von außen erkennbar an den unterschiedlichen Tür- und Fenstergrößen. Die Räume im Hauptgebäude und in der Scheune stehen heute u. a. den ca. 40 Vereinen und Verbänden der 4700 Einwohner zählenden Gemeinde zur Verfügung.

Die Umwidmung der Gebäude eines ehemals landwirtschaftlichen Betriebes wurde durch aufeinander abgestimmte Maßnahmen einer modernen Flurbereinigung und Dorferneuerung möglich. Letztere war nötig geworden, seit der Ort seinen ländlichen Charakter zunehmend verlor. Die Gemeinde zählte 1917 ca.

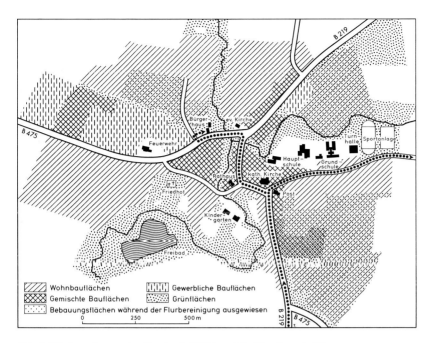

Abb. 4: Flächennutzungsplan Saerbeck 1981 (vereinfachter Ausschnitt)

2000 Einwohner, 1984 wohnen allein im Dorf 3400 Einwohner (zahlreiche Zuzüge ortsfremder Bevölkerung). Fünf neue Wohngebiete, vornehmlich für den Eigenheimbau, stehen zur Verfügung (Abb. 4). Dagegen gibt es kaum noch einen landwirtschaftlichen Betrieb innerhalb der Ortslage, da eine Ausweitung der Hofgebäude für die auch im Ostmünsterland verbreitete Spezialisierung auf Schweinemast wegen des beengten Raumes im Dorf und der Lärm- und Geruchsbelästigung der Wohnbevölkerung kaum mehr möglich ist. Auf dem Münninghoffschen Hof gegenüber dem Bürgerhaus wird heute eine Großschlachterei betrieben. Die nicht landwirtschaftlich orientierten Erwerbstätigen der Saerbecker Wohnbevölkerung nehmen das örtliche Angebot von insgesamt 910 Arbeitsplätzen wahr (u. a. Textilverarbeitung, Emaillierwerk, Handwerksbetriebe) oder pendeln in die nächsten Städte Greven und Emsdetten, vor allem aber nach Münster aus, was durch den nahen Autobahnanschluß bei Ladbergen erleichtert wird. Wachstum und Strukturwandel geben der Ortsplanung nicht nur in der Verkehrsführung Probleme auf (Umgehungsstraße geplant). Hinter dem Bürgerhaus wurde ein größerer Flurbereich des ehemaligen Hofes als Baugebiet für Wohnhäuser ausgewiesen (Abb. 4). Dieses muß durch einen hohen Lärmschutzwall vom benachbarten Gewerbegebiet abgeschirmt werden. Trotz des Strukturwandels heißt ein Werbeslogan jedoch: „Saerbeck will Dorf bleiben."

Südlich der kath. Kirche (vgl. Abb. 4) zweigt die Lindenstraße in Richtung Lengerich ab. Ca. 1 km hinter dem Dortmund-Ems-Kanal biegt links die Straße nach Brochterbeck ab. Kurz vor Brochterbeck quert die Straße von Süden nach Norden den Brochterbecker Esch. Standort auf der Anhöhe des Eschs.

Teutoburger Wald

6. Brochterbeck: Esch und Drubbel

In der Bauerschaft Niederdorf südlich des Ortskernes von Brochterbeck sind die typischen Lagemerkmale von Drubbel und Esch, einer frühmittelalterlichen ländlichen Siedlungs- und Flurform des Sandmünsterlandes und der großen Geestgebiete NW-Deutschlands noch gut zu erkennen. Wir stehen auf einer schwach konkaven, trockenen Geländeerhebung, die ca. 7 m über der feuchten Flötheniederung ansteigt. Es handelt sich um die Reste eines pleistozänen Schwemmkegels am Ausgang des Brochterbecker Durchbruchtales (vgl. Standort 8c). Wegen des trockenen und daher leichter zu bearbeitenden Bodens sind solche Standorte bereits früh kultiviertes Dauerackerland der Altbauern gewesen. Häufig wurden sie durch Plaggendüngung noch erhöht, so auch der Brochterbecker Esch. Die einen Esch kennzeichnende Langstreifenflur mit Besitzgemenge ist auf der Urkatasterkarte von 1828 vermutlich schon verändert (vgl. Abb. 5) und wurde durch ein Umlegungsverfahren 1914 endgültig beseitigt. Das neue Parzellengefüge – größere Blöcke – blieb bis in die Gegenwart weitgehend erhalten. Ein Reihendrubbel, von moderner Verdichtung zumeist noch verschont, ist in seiner typischen Anordnung zwischen dem höhergelegenen Ackerland des Esches und dem tiefergelegenen Grünland der umliegenden Kämpe gut zu erkennen. Im Jahr 1605 lagen am Nord- und Westrand des Esches nahe dem Mühlenbach fünf Vollerbenhöfe, davon sind drei noch erhalten: Elfering, Hagenberg und Lünningmeier. Die übrigen Hofstellen am Eschrand sind jüngerer Entstehung (nach freundlicher Mitteilung von Fr. E. HUNSCHE, vgl. auch HUNSCHE 1969, S. 137). Im Unterschied zum Niederdorf hat sich im Oberdorf, dem heutigen Ortskern von Brochterbeck, die Siedlung – ähnlich wie in Saerbeck – in den letzten Jahrzehnten grundlegend verändert.

7. Oberkreiderücken bei Brochterbeck

Mit dem Bus zum Kalkwerk östlich Brochterbeck. Von hier zu Fuß ca. 100 m Richtung Bahnhof der Straße folgen, dann rechts über eine Holztreppe auf den Kreidekalkrücken.

Vom Standort am Nordrand der Westfälischen Bucht aus läßt sich bei klarer Sicht das gesamte Exkursionsgebiet überblicken: Am Horizont im Südwesten die Baumberge, davor der Altenberger Höhenrücken; im Süden Kirchtürme und die Bettentürme der Universitätsklinik von Münster, nördlich davon die Park- und Streusiedlungslandschaft der Emssandebene. Am Fuße des Oberkreiderückens die Brochterbecker Fußfläche mit Esch und Drubbel von Niederdorf und unmittelbar vor uns ein Steinbruch im Cenoman mit Kalkwerk. – In nordöstlicher

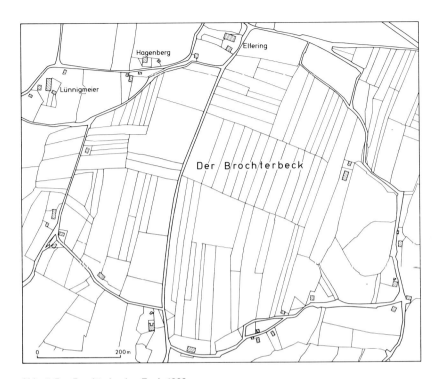

Abb. 5: Der Brochterbecker Esch 1828

Richtung blickt man in das Längstal des Teutoburger Waldes und auf den bewaldeten Unterkreiderücken.

Die im Steinbruch aufgeschlossenen, gut gebankten Cenomanschichten bestehen aus 10–40 cm mächtigen hochprozentigen Kalken (bis 97 %) und zwischengelagerten, nur wenige Zentimeter starken Mergellagen. Sie fallen mit 40° nach SW ein und bilden zusammen mit den am unteren Hang ausstreichenden, weniger widerstandsfähigen Turonschichten die nordöstliche Begrenzung des münsterschen Oberkreidebeckens. – Die Cenomankalke werden in dem vor uns liegenden Werk zu Düngekalk und gebranntem Kalk für die Kalksandsteingewinnung verarbeitet.

Im Steinbruch ist ein für den Kalkrücken typisches Rendzina-Bodenprofil mit flachem, humosen A-Horizont und unmittelbar darunter folgenden C Horizont (anstehendes Gestein) aufgeschlossen. Klüftigkeit der Kalke und geringe Bodentiefe bedingen ein unzureichendes Wasserhaltevermögen, so daß eine intensive Acker- oder Grünlandnutzung erschwert wird. Es kommen daher verbreitet Trockenrasen vor, die, wie östlich unseres Standortes, nur extensiv als Weide genutzt werden. Die natürliche Vegetation ist ein artenreicher Buchenwald, der sich am Nordhang des Rückens noch erhalten hat.

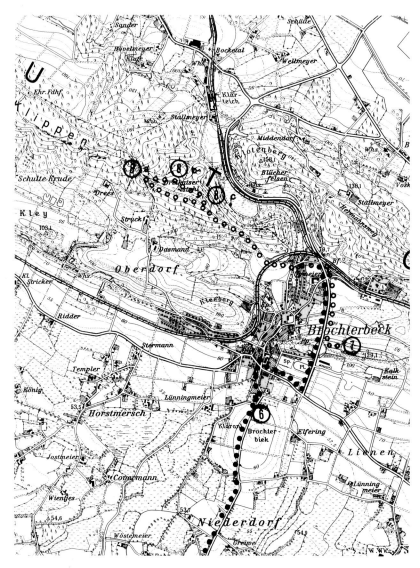

Kartographische Grundlage: TK 25, Blatt 3712 Tecklenburg. Vervielfältigt mit Genehmigung des Landesvermessungsamtes Nordrhein-Westfalen vom 13. 2. 1985 Nr. 103/85.

⑦ Standort ●●●● Fahrtroute ○ ○ ○ ○ Fußweg

Abb. 6: Exkursionsroute im Raum Brochterbeck

144